プロフィシェンシーを育てる3

談話と
プロフィ
シェンシー

その真の姿の探求と
教育実践をめざして

鎌田修・嶋田和子・堤良一 編著
定延利之・清水崇文・西郷英樹・由井紀久子 著

はじめに

　本書は、『対話とプロフィシェンシー』(2012年)に続く「プロフィシェンシーを育てる」シリーズの第3弾として誕生しました。今回こぎ出した「談話とプロフィシェンシー（談プロ）」の海で、7人の仲間はそれぞれの研究分野・教育現場での知見をもとに、自由に仲間と対話しながら櫓を進めていきました。

　談話とは何でしょうか。談話教育はどうあるべきなのでしょうか。この問いの答えを求めて、まずは、日本語コミュニケーションにおいてタブーと言われていることが本当にタブーなのかについて考えました。また、談話において文脈の活性化がいかに重要かについて取り上げ、「華のある教材／華のある教育」にも言及しました。

　さらに「談話というレンズ」を通して、ACTFL-OPIの評価基準を批判的に捉え直してみました。実は、本書全体が「当然のことと考えられていること／行われていること」を批判的に見つめ直してみるという作業になっているのです。「答えは1つではない」「自明のことを問う」ことが本書の根底にあると言えます。

　例えば、あまり価値のない「おまけの存在」と位置づけられがちなフィラー、あいづち、ジェスチャーが、「談プロの海」では魅力的な、大切な存在として浮かび上がってきました。また、終助詞「ね」「よ」、指示連体詞「そんな」に関しても、さまざまな角度から考えてみました。

　本書では文字言語に関する談話にも目を向け、「会話文への志向性と独自性」を持つメール文を取り上げました。そして、こうした新しい談話観に基づく初級からの談話教育のあり方・可能性について実践例をあげて述べています。

　皆さん、ここまで読み進めて、きっと「どんなふうに？」「なぜ？」とさまざまな疑問が生まれてきたのではないでしょうか。それでは、ご一緒に「談プロの海」にこぎ出してみましょう。

2015年4月1日　嶋田和子

目次 Contents

はじめに i

船　出　―なぜ談話とプロフィシェンシーなのか―　　　　1

（鎌田修）

第1部　新たな談話観　　　　5

第1章　日本語コミュニケーションにおける
　　　　　偽のタブーと真のタブー 6

（定延利之）

第2章　文脈の活性化と談話の開華 32

（鎌田修）

第3章　談話というレンズを通して
　　　　　ACTFL-OPIの評価基準を「批判的に」考える 56

（清水崇文）

| 第2部 | 新たな談話観に基づく研究 | 83 |

| 第4章 | 「そんな感じ」はブレイクダウンか？
―そもそも「ブレイクダウン」って何？―..................84 |
| | （堤良一） |

| 第5章 | プロフィシェンシーと「ね」「よ」..112 |
| | （西郷英樹） |

| 第6章 | ライティングにおける談話とプロフィシェンシー
―Eメールの教材化のために―..146 |
| | （由井紀久子） |

| 第3部 | 新たな談話観と教育現場 | 173 |

| 第7章 | 談話能力の育成をめざした教育実践
―初級スタート時から談話教育を考える―....................174 |
| | （嶋田和子） |

鼎　談　「談話とコミュニケーション」　　　　　　　　　　　**201**

（鎌田修・定延利之・堤良一）

新たな船出　　　　　　　　　　　　　　　　　　　　　　**223**

（堤良一）

キーワード索引..229

執筆者一覧..236

船出

船出
―なぜ談話とプロフィシェンシーなのか―

鎌田修

　本書は、これまで2度に渡って上梓した「プロフィシェンシー」の育成に関わる論文集（鎌田・嶋田・迫田編, 2008; 鎌田・嶋田編, 2012）に続くものです。「プロフィシェンシー」とは「機能的言語能力 ―現実の生活におけることばの効果的かつ適切な使用能力」（Swender & Vicars, eds., 2012）の「程度 (degree)」を示すものです。それは、とりもなおさず、「いま、ここであなたはどんな言語活動が、どれほど適切かつ効果的に遂行できるか」という言語運用能力の程度を示します。それも、何らかの言語を何年学習したかという学習時間、どんな教科書で、どんな先生から、そして、どんな学校で学習したかという学習背景、また、どのように使ってきたかという使用背景等を問わない、外国語学習者、いや、外国語使用者[1]の「実力」を示し、「いま、ここで」という現場性を示すダイクシス (deixis, 直示要素) を基盤にする談話 (discourse, ディスコース) と強いつながりを持ちます。また、この概念は外国語教育におけるコミュニカティブ・アプローチを評価的観点から捉え直し、「現時点」の「実力」を少しでも向上させることを目的にする「プロフィシェンシー志向の語学教育 (proficiency-oriented instruction)」にもつながっています。

　どのような言語活動も、それが、会話であれ、読書であれ、作文であれ、また、テレビやラジオ等のメディアを媒介とした視聴であれ、それらはすべてなんらかの言語的、かつ、非言語的環境と共起します。いわゆる「場面」「コンテクスト」あるいは、「文脈」と呼ばれる言語環境に生起し、その結果、生まれ出る言語活動全体を談話、あるいは、ディスコースと呼びます。「いま、ここで、あなたはどんな言語活動がどれほど、そして、どのように遂行できるか」を示すプロフィシェンシーとは、言い換えれば、文脈（場面、テキスト、以下「文脈」に統一）を基盤にした談話（ディスコース、以下「談話」に統一）

---

1) Cook (Ed.) (2002) の "L2 user" の考えを受け継ぐ。つまり、L2 userだとそれが教室内の使用であろうと（つまり、L2 learner）教室外の使用であろうと、どちらも含まれることになり、より包括的で、かつ、コミュニケーションをめざした言語使用というニュアンスが十分に出るので、L2 user（第二言語使用者）という表現を使います。

を遂行する能力と言い換えることも可能でしょう。そして、どのような文脈も、そのとき、その場の時空間（「わたし、あなた、いま、ここ、そこ、あそこ、今日、明日、昨日」など）のみならず、その場の参与者間にある社会的関係 ―上司、部下、身内などを示す直示要素 (Fillmore, 1971) によって支えられています。このように、プロフィシェンシーの理解、そして、プロフィシェンシーの向上には、なににもまして談話とそれを支える文脈の理解が欠かせないと言えるでしょう。

　この「船出」に続く各章において、私たちは談話とプロフィシェンシーがどのようにつながっているのか、プロフィシェンシーを向上させるために私たちは談話について何を知るべきか、また、談話をどのように教育に結びつけるべきかという課題を追求します。これらの目的を念頭にそれぞれの専門領域から議論を展開します。ただ、ここで1つ強調しておきたいことは、どのような分析を試みるとしても、談話とプロフィシェンシーの研究に共通して言えることは、ありのままの、つまり、自然な談話データを注意深く観察するということです。不要な先入観を捨て、自然な談話データを直視するという態度です。本書第1章を担当した定延利之氏は、私たちの自然な言語行動を「偏見」なしに観察すると、一般にタブー視されている行動（話し相手の発話に自分の発話を重ねることなど）が実は大変自然な行為として行われていることを指摘しています。それらはけっしてタブー視されるべきものではなく、タブー視すべきは、むしろ、話者の交替を機械的に行う不自然な行為ではないかと主張しています。自然な談話を、大局的に見ることほどプロフィシェンシー研究にとって大切なものはないことを示すよい例だと言えます。談話を対象とした研究の多くが、言語活動を録音し、それを文字に起こしたりするだけでなく、360°カメラを使って録画までして全体を眺めようとするのはそのような理由からです。

　今、私たちは談話という大海原に向けて船出をしようとしています。さあ、すばらしい航海をめざして、いざ出発！

鎌田修　●船出

参考文献

鎌田修・嶋田和子（編）(2012).『対話とプロフィシェンシー―コミュニケーション能力の広がりと高まりをめざして―』凡人社.

鎌田修・嶋田和子・迫田久美子（編）(2008).『プロフィシェンシーを育てる―真の日本語能力をめざして―』凡人社.

Cook, V. (Ed.). (2002). *Portraits of the L2 user.* Clevedon, UK: Multilingual Matters.

Fillmore, C. (1971). *Santa Cruz lectures on deixis 1971.* Indiana University Linguistics Club.

Swender, E. & Vicars, R. (Eds.). (2012). *ACTFL Oral Proficiency Interview Training Manual.* American Council on the Teaching of Foreign Languages. VA.

第1部
新たな談話観

1 日本語コミュニケーションにおける偽のタブーと真のタブー

定延利之

❶ はじめに

「コミュニケーション能力をどのように測定すべきか？」という問題は、そもそも「コミュニケーション能力」とはどのようなものなのかが決まらなければ検討のしようがありません。では、コミュニケーション能力とは一体どのような能力なのでしょうか。もちろん、それは「良いコミュニケーション」をする能力なのでしょう。が、それでは「良いコミュニケーション」とは一体どのようなものなのでしょうか。

この問題を前にして誰もが思いつく1つの有力な答えは、「良いコミュニケーションとは、お互い、相手に伝えるべき情報をすばやく正確に伝えるコミュニケーションだ」というものでしょう。この答えからすると、「コミュニケーション能力とは、相手に伝えるべき情報をすばやく正確に伝える能力、そして、相手からの情報をすばやく正確に理解する能力だ」ということになります。しかし、この答えは私たちが本当に満足できる答えではないようです。それはなぜでしょう。以下、その理由を便宜上2つに分けて述べておきます。

第一の理由は、文化の違いが考慮されていないということです。「良いコミュニケーションとはどのようなものか」という問題を検討する際、個々の共同体が持つ文化の違いが顧みられるということは、伝統的にはあまりありませんでした。しかし近年では、「良いコミュニケーションとはどういうものか」という問題は、まず個々の文化ごとに追求されなければならないという考えが徐々に広まっています（例えばWierzbicka, 2003）。「良いコミュニケーションとは、お互い、相手に伝えるべき情報をすばやく正確に伝えるコミュニケーションだ」「コミュニケーション能力とは、相手に伝えるべき情報をすばやく正確に伝える能力、そして、相手からの情報をすばやく正確に理解する能力だ」といった考えは、明解なものではありますが、そこには個々の文化の特徴がなんら反映されていません。

第二の原因は、それぞれの文化の中で日常を生きる母語話者の意識が考慮されていないということです。多くの日本語母語話者は「私はいつも言い方で損をする」「うまく自分が出せない」「みんな私のことをわかってくれない」等々、コミュニケーションに悩んでいます。いくら情報をすばやく正確にやりとりできても、そうした悩みは解決しません。ということは、日本語母語話者が求める「良いコミュニケーション」は、情報のすばやい正確なやりとりとは別のところにあるということになります。

　このことは、もちろん日本語教育とも無縁ではありません。「日本語学習者は、5W1H（いつ・どこで・誰が・何を・なぜ・どのようになしたか）の表現と理解ができれば十分」とし、それ以外の日本語教育を一律に「日本文化の押しつけ・同化の強要・お節介」と排してよいのでしょうか。多くの日本語学習者の根本的な望みが、「日本語をアナウンサーのようによどみなくすらすらと読み上げたい」「日本語で日本語母語話者と文書を取り交わせるようになりたい」といったものだけでなく「日本語世界の日常を母語話者と生き、楽しい人間関係を築きたい」というところにもあるとしたら、少なくともそれらの学習者にとっては、『できる人』であるだけでなく『いい人』『好かれる人』であることは、（日本語母語話者にとって重要であるのと同様に）重要なことでしょう。

　では、日本語社会において『いい人』『好かれる人』であるとは、どのようなことなのでしょうか。例えば、「優しいこと」「内省的で責任感があること」「規則や礼儀を守ること」「よく気配りができること」「物静かなこと」「かわいげがあること」のように答えることができるでしょう。では、それは具体的には、日本語のコミュニケーションにおけるどのような言動として現れるのでしょうか。

　もちろん、それは「状況によってさまざま」ということになるのですが、実際の日本語のコミュニケーションを観察すると、個々の状況を越えて、ある程度一般的な言動のパターンが浮かび上がってきます。それら言動パターンの中には、しばらく前から指摘されていたものもありますが、私の見るところでは、多くはまだ十分な光を当てられていないようです。

　では、多くの日本語母語話者そして日本語学習者が求めてやまない『いい

人』『好かれる人』の言動パターンが、なぜ見過ごされてきたのでしょうか。

この問題に対する私の答えは、「これらの言動パターンは『良いコミュニケーション』というものについて私たちが抱きがちな考えに反する、いわばタブー (taboo, 文化的禁忌) だから」というものです。私たちの「良いコミュニケーション」観に反する、タブーのはずの言動パターンが、実は必ずしも悪印象をもたらさず、『いい人』『好かれる人』の言動パターンになり得るということは、そのタブーは必ずしも真のタブーではない、つまり私たちの「良いコミュニケーション」観は必ずしも正しくないということです。

以上の考えに基づき、本章では、『いい人』『好かれる人』の言動パターンの一端を「必ずしも真のタブーではなく、偽のタブーになることもあるもの」として紹介し、コミュニケーションについて私たちの根本的な誤解を解く糸口にしたいと思います。

以下では、「良いコミュニケーション」について私たちが抱きがちな考えに反するさまざまな「タブー」を紹介し、これらが実は『いい人』『好かれる人』の言動パターンになり得ることを示します (第2節)。さらに、それらを踏まえて、「良いコミュニケーション」ひいては「コミュニケーション」に対する新しい捉え方を論じたうえで (第3節)、日本語コミュニケーションにおける「真のタブー」を明らかにし (第4節)、考察をまとめたいと思います (第5節)。

❷ さまざまな「タブー」

ここでは、私たちが想定しがちな「良いコミュニケーション」のイメージに反し、一見「タブー」と思われる言動を4つ紹介し、これらの言動が実は『いい人』『好かれる人』の言動パターンになり得ること、つまりそれらの「タブー」が「偽のタブー」にすぎない場合があるということを示します。

2.1 タブー1：流暢(りゅうちょう)でない発言

「良いコミュニケーションは、メッセージのスムーズなやりとりを前提とするので、参加者たちは自分の考えを流暢に相手に伝えるべきだ」と考える

と、話し手が発言を流暢に行わず、「日本語のぉ、コミュニケーションはぁ、」などと細切れに発言したり、発言途中で「えーと」などと言いよどんだり、「プ、プロフィシェンシーが」などとつっかえたりするという行為はタブーに思えるでしょう。

確かに、途切れ途切れの発言や、言いよどみ、つっかえが、「稚拙」「準備不足」「愚鈍」「時間かせぎ」「その場しのぎ」といった悪印象を相手にもたらすことはあります。

しかし、これは常に必ずというわけではありません。例えば、6人の日本語母語話者たちの30時間分の電話対話発話を調べたキャンベル (2010) は、「頻出する上位100フレーズ」(表1) が全発話の3分の1以上を占めたと述べていますが、それらの大部分があいづち[1]、応答詞、感動詞と、「うーん」のような言いよどみのことばでできているように、言いよどみは私たちの日常会話にありふれていて、よほど重ねないかぎり、たいてい気にはならないようです[2]。

スラスラとしてよどみのない流暢な発言であっても、そこに話し手の「流暢にしゃべれることを見せつけて自分の優秀さをアピールしてやろう」といった意図が感じられれば、かえって「流暢さを鼻にかけている」「深みがなく軽薄」「饒舌」「信用できない」などと否定的に評価され、反対に訥弁が「誠実そう」と歓迎されることもあります。つまり途切れ途切れの発言や、言い

---

1) 現在、「あいづち」は専門用語としてはさまざまな定義が提案されていますが、本章では「あいづち」を日常語の「あいづち」と同じ意味で用いています。なお、本章の第2.3節や第3節で述べることは、水谷 (1988, 1993) のあいづち論や共話論と重なるところがありますので興味を持たれた方は水谷論文もご参照ください。

2) 実際のところ、日本語母語話者は多くの場合、例えば「外国人に日本語を教えてるんですけど」のような節を一気に発するのではなく、「外国人にー、日本語を、教えてるんですけど」などと、文節 (「外国人に」「日本語を」「教えてるんですけど」) ごとに発言しています。これは、日本語のイントネーション・ユニットが多くの場合、英語のような節ではなく (英語についてはChafe (1980, 1987) を参照)、文節だということです (Clancy, 1982; Iwasaki, 1993; Maynard, 1989)。「文節」という概念は、かつては重視されることもありましたが (特に橋本進吉の文法を参照してください)、現在の日本語文法研究ではほとんど注目されていません。しかし、文節をよく調べれば、「文節ごとのしゃべり方」が解明され、それを日本語学習者に教えることも可能になるのではないか、少なくとも「まだ文節もきちんとしゃべれない学習者に、いきなり節や文をしゃべらせようとする」という日本語教育の状況を改善するうえで役立つのではないかと私は考えています (定延, 2013b, 近刊b)。

よどみ、つっかえは、必ずしも聞き手に悪印象をもたらさず、『いい人』『好かれる人』の言動に十分なり得ます。これは、非流暢な発言は必ずしもタブーではないということです。

表1　キャンベル (2010) があげる「頻出する上位100フレーズのリスト」

回数	フレーズ	回数	フレーズ	回数	フレーズ
10073	うん	369	ふーーん	161	は，ーー
9692	@S	369	だから	160	@K
8607	はい	368	あ，あーー	159	そう，です，ねー
4216	laugh	366	ああ	151	あーーーー
3487	うーん	345	あの，ーー	143	だから，ー
2906	ええ	337	なんか	139	アハハハハ
1702	はーい	335	え	137	そう，そう，そう
1573	うーーん	311	でも	134	へー，ーー
1348	ズー	305	スー	134	はい，はい，はい，はい
1139	ふん	274	うん，うん，うん	134	そう，です
1098	あのー	266	ハハハハ	133	@E
1984	あっ	266	て，ー	133	あ，そ，う，な，ん，ですか
981	はあい	266	え，ーー	130	そ，う，な，ん，です，か
942	あの	258	で	129	は，ーー
941	ふーん	248	う	129	はー
910	そう	242	へー	127	ほ，ーー
749	えー	228	ううん	125	ハハハハハ
714	あーーー	227	えっ	119	はい，はい
701	あ	226	へ，ーー	119	は，ーーー
630	あーーー	226	ハハハ	114	ハハ
613	あ，はい	225	う，んー	113	は
592	うん，うん	200	そうですね	113	で，ー
555	あー	199	ほ，ーー	113	て
500	んー	193	ハー	112	は，あー
469	ん	192	その	110	フフフ
467	ズーー	190	え，えー	110	そのー
455	スー	188	あ，あー	110	もう
450	んーー	187	ね	109	ふーーーん
446	うーーーん	180	ん，はい	108	はあ，ーー
396	ねー	180	あの，ーー	106	そうですね，え
395	あ，あー	173	ん，ん	105	んー，ん
393	はい，はい，はい	172	アハハハ	104	いや
387	あー，はい	168	はい，ー		
372	ねえ	164	う，うーん		

（それぞれの数字は書き起こしに現れた回数を表しています。「@S」は息を吸う音を、「@K」は鼻をすする音を、「@E」は咳払いを表しています。）

2.2 タブー2：相手と「そろわない」発言

　発言の調子がお互いにそろったコミュニケーションが、いかにも良い、「息が合った」コミュニケーションに聞こえるとすれば、逆に、相手と調子をそろえない発言は、コミュニケーションをつまらなく退屈なものにさせるタブーとも思えます。

　確かに、相手と「息が合わない」発言が、「どこまでも自分本位」「心を開かない」といった印象を相手に与えることはあります。実際、ラジオの視聴者参加型番組で、司会者の声の高さやタイミングに視聴者が自身の声を合わせるかどうかが、その後の会話の進展具合と関係するという観察があります (Couper-Kuhlen, 2001)。類似の観察は、あいづちを打つタイミングや (上里・吉野・高梨・河原, 2014)、身体動作についても (長岡・前田・小森, 2008)、見ることができます。人間と対話するロボットの研究開発において、相手 (人間) の動きに合わせて向きを変えるプログラムが組み込まれるように (Gilmartin & Campbell, 2013) (写真1)、「人間と合わせて動作すること」が重視されているのも (Esposito, Campbell, Vogel, Hussain, & Njholt, eds., 2010)、このような「息が合った」コミュニケーションが念頭に置かれたものでしょう。

写真1　相手に合わせて向きを変える対話ロボットHermeとHim
(Gilmartin & Campbell, 2013)

しかし、人間どうしのコミュニケーションでは、発言の調子を相手とそろえることは、「良いコミュニケーション」と常に結びつくわけではありません。この原稿を書いている現在 (2014年5月9日)、「同調」ということばに、仮に「セールスマン」ということばを加えてインターネットで検索すると、次の (1) (2) (3) のような文章が出てきます。いずれも「営業に重要なことは相手に同調することだ」と述べているもので、相手の話の内容に対する同調だけでなく、特に (3) がうなずきやあいづちのタイミングを取り上げているように、外見的な同調も重視されています。

(1) 最も優れたセールスパーソンとは、最も外向的な人物ではなく、最も周囲と「同調」できる人物なのです。
　　[www.lifehacker.jp/sp/2014/01/140117self_promotion.html]

(2) 一瞬でダントツ営業マンに変わる法 速効セールス：同調
「最低限この3つ守ってれば、性格イケメン余裕」
★バックトラッキング…相手のいった言葉を、言い回しを変えて繰り返す。相手の直前の語尾をそのまま使う、内容を要約するなど。相手は自分の言ったことを理解してくれていると感じる。
　　[http://sokko1.doorblog.jp/tag/%E5%90%8C%E8%AA%BF]

(3) 成功する聴き方
職場でも喫茶店でも空港でも、人と人が会話をしているところを観察してみるとおもしろいことが分かります。
話し手が一生懸命に身振り手振りを使いながら相手に話しかけている場面、でも聞き手は微動だにしません。このような場合、聞き手は何を思っているのでしょうか？
また、カップルと思われる男女が話しています。男性が話しているときには、相手の女性がうなずいたり、途中であいづちを打ったり、ときにはニッコリしたかと思うと、急に笑い出した

りしています。こんな時、相手の男性もニッコリしたり、一緒に笑い出したりしています。
実はこのような現象を心理学では、インタラクショナル・シンクロニーと読んだり、「同調ダンス」と呼ぶのです。
親しい人同士が会話している場合、うなずいたり、ニッコリしたり、笑ったりするタイミングが一致する傾向にあることが証明されています。
つまり、聞き手が話し手の言動に同調していることを同調ダンスと呼ぶのです。逆に、聞き手が話し手の内容に興味を覚えず、聞きたくないという気持ちのときには、同調ダンスは起こりません。
では、意識的に「同調ダンス」を起こしたらどうでしょうか？
トップセールスマンや交渉ごとの上手い人というのは、この「同調ダンス」を踊る名人と言えるのです。
聞き手として最も簡単にできる同調ダンスは、うなずきとあいづちです。
話し手が話している時に、聞き手がうなずきやあいづちを意識的に多くしていると、話し手の話す時間が50％増加したという研究結果があるそうです。なぜでしょう？
うなずきやあいづちは、話し手に対して強化要因になっているからです。
聞き手が、うなずきやあいづちをしていると、話し手は自分の話を聞いてくれている、もっと続けて話をして欲しがっている、と感じると言います。したがって話し手は気持ちよく話を続けることができるのです。
(中略)
話し手と良い関係を作りたいならば、うなずきとあいづちを使って「良い聴き手」になりましょう。

[http://www2s.biglobe.ne.jp/~musimusi/coach9.html]

しかし、これらの文章で述べられている同調は、あくまで「ものを買ってもらおう」「相手と良い関係になろう」という目的を遂げるための振る舞いです。自分の話に自然に同調しているのではなく、そういう目的を達成するために意図的・計画的に同調しているのだということが露骨に感じ取れれば、こうした同調は、それこそ「セールストーク」の一種として、つまり「調子のいい奴」の「軽い」「上っ面の」振る舞いとして嫌われることもあるでしょう。このことは、例えば「調子を合わせる」「同調する」といった語句が、表面的には「良いコミュニケーション」が成立しているように相手に見せかける欺瞞(ぎまん)行為を表すことがあるといったことからもわかると思います。

相手の発言と調子を合わせないこと、あいづちのタイミングが遅れること、相手から目を逸(そ)らせたり、時に沈思黙考することは、少なくとも日本語文化では、その人なりに真摯な対応しているという、一種の誠実さの現れと見なされ、「良いコミュニケーション」を生むこともあるということです。

2.3 タブー3：相手の発言にかぶせる発言

「良いコミュニケーションでは、お互いの発言は最後まで傾聴される」と考えると、他者の発言がまだ続いているのに自分の発言を始める、いわば発言を「かぶせる」という行為は、コミュニケーションを悪い方向に導くタブーだということになります。

確かに、そのような行為が、失礼な振る舞いと受け取られることもあります。カメルーンのバカ・ピグミー (Baka Pygmies) の社会のように、発言の激しいかぶせ合いが日常的に見られる社会と比べれば (木村, 2003)、日本語社会は、発言をかぶせることが忌避される傾向にある社会と言えるでしょう。

だが、これはあくまで傾向であって、日本語社会が常に必ずそうだというわけではありません。例えば、ニック・キャンベル氏が開発し、私と共同でインターネット上で無料公開しはじめている、それぞれの話し手ごとの発言の時間的分布が見える日本語音声対話コーパス「KOBE Crest FLASH」(画像 1) (http://www.speech-data.jp/taba/kobedata/) では、発言の重なりはまったく珍しくありません。特に、相手の発言に対してあいづち、同調、その他の反応をことばで返す際の発言の重なりや、相手の発言を「言いさし」発言

(中途で止まる発言。詳細は白川（2009）を参照）だと見てとってその発言を引き取ろうとする際の発言の重なりは、和気藹々（あいあい）とした日本語コミュニケーションの障害には総じてならないようです。

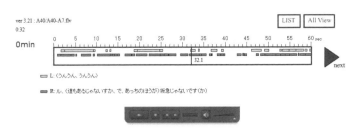

画像1　発言の時間的分布が見える日本語音声対話コーパス
"KOBE Crest FLASH"
(http://www.speech-data.jp/taba/kobedata/)

特筆すべきは、相手の発言に自分の発言をかぶせる行為が忌避されるどころか、むしろ『いい人』『好かれる人』らしい振る舞いとして半ば義務的になる場合さえもあるということです。その場合とは、具体的には次の2つの場合です。

第一の場合は、相手が謝罪（例「先日は大変失礼いたしまして、本当に申し訳ありませんでした」）、卑下（例「私なんか年だしー、運動神経もにぶいからー、とてもダメだけどねぇ」）、感謝（例「先日は、あの結構なお心遣いを頂きまして、本当に有難うございます」）、賞賛（例「お宅さんはいつもきっちりされてるから、もう、うらやましいですよ」）、つまり相手自身の地位を低めたり、こちらの地位を高めたりする発言に及んだ場合です。このような発言が（よほどのことでもないかぎりは）「いえいえとんでもない」などと否定してかかるべきものだということは、特に謙遜が美徳とされる日本語社会においては当然のことと言えます。そして、その際に期待されるのは、相手の発言がこれらの類（たぐ）いのものだと判（わか）った時点で即座に、まだ続行中の相手の発言にかぶせて否定することです。例えば「私なんか年だしー、運動神経もにぶいからー、とてもダメですけどねぇ」といった卑下の発言は、「年だ

しー」の段階で間違いなく否定すべきであって、この発言を最後の「とてもダメですけどねぇ」まで黙って聞いて完成させてしまってから否定するほうが、むしろ不自然でしょう。

あいづちについても同じことが言えます。意味のわからない外国語や方言での発言に対して、とりあえず聞いているからといってあいづちを打つことが(意味がわからないことを隠そうとしないかぎり)ないように、あいづちを打つには、ただ相手の発言を音声として聞いているだけでは不十分で、発言内容を理解している(本当は理解できていないという場合にしても、理解しているように見せかけようとする)ことが必要です。ここで注意が必要なのは、発言内容の理解は、発言内容への賛同とは(関連するけれども)違うものだということです。あいづちを打って相手の発言を最後まで聞いた後で反論することが可能なように、あいづちに必要なのはあくまで発言内容の理解であって、発言内容への賛同までは要求されません。しかし、だからといって、同意できない発話に対するあいづちがすべて正当化できるというわけでもないのです。相手自身の地位を低めたり、こちらの地位を高めたりする発言は、何を措(お)いても言下に否定すべきであって、これらの発言に対して、「私なんか年だし」「ほぅほぅ」のようにあいづちを打つことははなはだ失礼です[3]。

いま述べた第一の場合ほど義務的に行わねばならないというわけではありませんが、発言のかぶせが忌避されない、どころか『いい人』『好かれる人』らしい振る舞いとして積極的に目論(もくろ)まれさえする、もう1つの場合が、「おはようございます」「明けましておめでとうございます」のような挨拶の場合です。礼儀正しい会話においても、挨拶なら発言の重なりが許されるのは、そもそも挨拶が(少なくとも同列の者どうしでは)「同時に取り交わされるも

[3) 現代日本語共通語の場合、あいづちのほとんどは、肯定系の応答詞(「ああ」「うん」「ええ」「おう」「はぁ」「はい」「へい」「へぇ」)が、上昇調ではなく(その場合は理解不全による問い返しになります)、下降調や平坦調で発せられることによってなされます。ただし、肯定応答の場合に発せられない「ほぅ」が(「お年は70歳代ですか」「ほぅ」などとは言わないでしょう)、あいづちのことばとしては発せられ得るように、肯定系の応答詞でなければあいづちのことばにならないというわけではありません。もちろん、あいづち「ほぅ」は誰でも発するわけではなく、発し手は『年輩の男』キャラに偏るのですが、その意味で一般性に欠けるあいづち「ほぅ」をここであえて持ち出しているのは、読者の皆さんの誤解を防ぐためです。相手の卑下発話「私なんか年だし」などを言下に否定せずに、あいづちを打つことが失礼なのは、「肯定応答と誤解されかねないから」ではないのです。]

の」だからです。

　なお、ここで注意すべきことは、「同時」というのがあくまで「見なされるもの」だ、ということです。実際にはAの挨拶が最後まで終わり、それを受けてからBが挨拶し返すという時間差があっても「2人の挨拶は同時に行われた」と見なされるので、必ずしも失礼とは感じられません[4]。

2.4　タブー4：快活でない声や表情での発言

　「良いコミュニケーションでは、参加者たちは良好な人間関係の構築・保持に努めており、かつ、それに成功している」と考えると、「良いコミュニケーション」では笑顔が絶えず、明るく快活な発言が飛び交うように思えます。相手に顔をしかめてみせたり、ことさらに苦しげな声で発言したりすることは、コミュニケーションを「良いコミュニケーション」とは反対方向に向かわせるタブーということになりそうです。

　確かに、威嚇や恫喝、哀訴といった、しかめっ面や苦しげな声でなされる行為は、コミュニケーションを良い方向に向かわせるとは考えにくいと言えます。「相手を明るく楽しい気分にさせるには、明るく楽しい表情や声で相手に接することが効果的だ」という理屈は、自軍の選手たちを励まそうと激しいダンスを笑顔でこなし、明るい声を出すチアガールたちの振る舞いを考えてみれば、疑問の余地などないようにも思えます。

　しかし、それは実際には傾向以上のものではありません。相手にしかめっ面を向け、苦しげな声を出すという行動がまさに『いい人』『好かれる人』のとるべき行動という場合もあるのです。

　例えば、次の大学生同士の対話（写真2）では、右手の男子学生が集団食中毒という過去の苦しい体験を左手の女子学生に語っています。男子学生は淡々とした調子で、ほとんど笑顔と言えるような表情で自己の体験を語っているのに対して、女性は眉間にしわを寄せ、いかにも苦しげなりきみ声で「はぁー、大変ねー」と受けています（写真3は女子学生、写真4は男子学生）。

---

4)　ただし、「Aの挨拶が終わってからBが挨拶を始めるまでに長い間がある」「Bはけっして自分から挨拶しようとはしない。その結果、先に挨拶するのはいつも決まってAである」といった事情があればもちろん別です。

写真2　大学生どうしの対話

写真3　女子学生　　　　　　　　　写真4　男子学生

　ここで女子学生が行っているのは、「相手の苦しい体験に共感してみせる」という、『いい人』『好かれる人』というイメージと結びつきやすい行動です。険しい顔と声で、太鼓を叩き旗を掲げ、声援を送って選手を励ます応援団や、自ら好物を断つことでスターを応援しようとする下記(4)(5)のようなファンが存在することは、良いコミュニケーションが「苦境を相手と共有すること」からも生まれ得ることを示しています。

(4)　飲み会にはまだ行ってないので参加する機会があったら上手く断れるか心配ですけどね。正直に言っていいんですかね？「物凄く応援しているカナダのフィギュアスケーターのケヴィン・レイノルズ君が無事に初戦を終えるまでは酒断ちです‼」と。
　　　　[http://ameblo.jp/ura0636/entry-11636120704.html]
　　　　　　　　　　　　　　　（最終確認日：2014年5月9日）

(5) 結弦くんの夢がかなうその日まで。ゆづ友の皆さんの心がけに共感して…。新春のこのお酒を最後に、アルコール断ちしますよ〜！

[http://ameblo.jp/suzu2sei/entry-11742755242.html]

（最終確認日：2014年5月9日）

　苦しかった体験を、苦しげな顔と声で語るのではなく、遠い目をして涼しげな顔で淡々と語る、つまり体験を吹っ切った形で語ることは、多くの場合、体験者だけに許された特権的な行為であり、苦しい体験談を聞かされた相手が「まあ、それも1つの勉強だね」のように体験を吹っ切った受け方をするのは、(相手との上下関係にもよりますが) 多くの場合、危険を伴います。

　以上、この第2節では、「参加者たちは発言の調子をお互いにそろえ、笑顔と明るい声で、よどみなく流暢に話し、相手の発言を最後まで傾聴する」という、完全無欠と思われた「良いコミュニケーション」観から逸脱する4種類の言動を、「タブー」として紹介しました。そして、それらのタブーが実は必ずしもタブーではなく、偽のタブーにすぎない場合があるということを示しました。

❸ コミュニケーションに対する新しい捉え方

　第2節で述べたことからすれば、「参加者たちは発言の調子をお互いにそろえ、笑顔と明るい声で、よどみなく流暢に話し、相手の発言を最後まで傾聴する」という「良いコミュニケーション」観は、意外にも、「良いコミュニケーション」の実態を完全には捉えきれていないということになります。そのような「良いコミュニケーション」観は、例えばテレビの商品宣伝番組でタレントどうしが交わす、いかにも調子の良い疑似会話には当てはまるかもしれません。しかし、私たちの現実の日本語コミュニケーションは、時にそこから逸脱します。そして、そうした逸脱は「タブー」とはかぎらず、「良いコミュニケーション」にもなり得るのです。

　これは、4つの「タブー」をいかにも常にタブーであるかのように思わせ

ていた私たちの「良いコミュニケーション」観、ひいてはコミュニケーション観が、実は必ずしも正しくないということでもあります。

　私たちの目をくもらせていた、実は必ずしも正しくないコミュニケーション観とは、ひとことで言えば「コミュニケーションとは情報の伝え合いだ」という考えです。

　読者の皆さんは、「そんなことを言っても、相手の前で何をしゃべり、どんな表情と動作をしたところで、それらは結局、音声情報や画像情報として相手の耳や目に伝達されるのだろう」と思われるかもしれません。それはそのとおりですが、それはコミュニケーションの話ではありません。皆さんが1人で海辺に行き、波の音を聞き、波の色を眺めても、波の音や色は音情報や画像情報として皆さんの耳や目に伝達されます。しかし、このとき、皆さんは誰ともコミュニケーションなどしていません。(「海とコミュニケーションしている」と言えるかもしれませんが、そのような詩的な「コミュニケーション」の概念は本章で追求しているものではないということはおわかりのはずです。) こういうレベルの「伝達」はコミュニケーションが生じる、生じないに関わりなく、皆さんの誕生以来ずっと続いている伝達です。ここで問題にしているのはそういう伝達ではなく、コミュニケーション行動としての伝達です。つまり問題は、「『他者とコミュニケーションする』とは、『他者と情報を伝達し合う』ことと同じなのか否か」ということであって、「同じ」という答えは、第2節で見たことからすれば誤りだというのがここで述べたいことです。コミュニケーションの参加者同士の「共在」(co-presence, 共に同じ場に居合わせること) からしばしばかもし出される協調性を信用せず[5]、それだけに「伝達」だけをひたすら尊重するという考えは、限界があるのです。

　コミュニケーションの参加者同士は同じ場所、同じ時間に共に身を置くだけに[6]、常にではありませんがしばしば、ある程度の協調性がかもし出されま

---

[5] この協調性を伴った共在は「共存」(coexistence) と呼んでよいでしょう。本章では共在からかもし出される協調性を重視しますが、共在という概念は、協調性を必ずしも有するものではありません。詳細は木村 (2003)、木村・佐藤 (2008) をご覧ください。

[6] 手旗信号やトーキングドラム、国際電話、電子メールなどでは、コミュニケーション参加者たちは物理的に同じ場所、同じ時間に共在している (これを物理的共在 (physical co-presence) と言います) というわけではありませんが、心理的には共在しています。

す。この協調性を信用せず、自分を「とって食う」かもしれない相手とゼロからコミュニケーションを作り上げていかねばならないと考えると、「良いコミュニケーション」を実現するには、相手の発言を最後まで傾聴し、相手と発言の調子をそろえて違和感を持たれないようにすると同時に、相手に笑顔を向け快活な声を上げて「好意情報」を発信しつづけることが必要と思えてくるでしょう。そして、相手に好感を持たせるような、相手にとって高価値な情報を次から次へと流暢に伝達することも必要と思えてくるでしょう。

　これらは、これまで人間にコミュニケーションの相手として認められていなかった金属の塊（ロボット）が、人間とゼロからコミュニケーションを作り上げていくためには、必要なことと言えるかもしれません（第2.2節）。

　しかし、人間と人間のコミュニケーションには、共在からかもし出される協調性を前提とできる場合も少なくありません。この場合、コミュニケーションの良し悪しは、ゼロからのコミュニケーションの場合とは違った基準ではかられることになります。つまりコミュニケーションの良し悪しの基準は単一ではなく、ダブル・スタンダードになっています。ロボットでも真似できるようなコミュニケーションで良しとされる場合には「けっこういい線いっている」などと甘く高評価される話し方が、ロボットには真似できない人間くさいコミュニケーションが求められる場合は「胡散臭い」などと厳しい点をつけられる、ということがあるのです。

　共在からかもし出される協調性を前提とできる場合、相手から持ち出された話題に没入するあまり沈思黙考して相手と発言の調子が合わないことや、相手の苦しい体験に共感して顔をしかめ苦しげな声を出すことは、相手との共在に沿う行動であり、コミュニケーションをむしろ良いものにする力を持っています。情報の伝達はコミュニケーションにおいてさほど重要なものではなくなり、相手の発言は最後まで傾聴すべきとはかぎらなくなります。相手の発言の内容を見切って、途中から相手と同じ発言を相手と一緒に行う「ユニゾン」（串田, 1997, 2006）が、コミュニケーションを楽しいものにする行動になり得ます。相手が相手自身の地位を低めようとする発言に打ち消しの発言をかぶせることがまったく問題にならず、むしろ推奨されるというのもそもそも、相手の発言が最後まで傾聴されるべきものでは必ずしもないか

らです。

　古典的なコミュニケーション・モデルであるコードモデル (code model) (Shannon & Weaver, 1949) から、コードモデルの批判的検討により構築された近年の推論モデル (inference model) (Sperber & Wilson, 1986, 1996) に至るまで、あるいは、導管メタファー (conduit metaphor,「考えが伝わる」などの「たとえ」表現) (Reddy, 1979) から、「伝え合う力」を掲げる小学校学習指導要領解説国語編 (文部省, 1999; 文部科学省, 2008) に至るまで、コミュニケーションをなんらかの伝え合いとする考えは、根強く、遍在しており、私たちの通念となっています。そして繰り返しになりますが、そうした通念が妥当する場合も、もちろん多くあるでしょう。しかし、そうした理解が現実のコミュニケーションの良し悪しと合わない場合、コミュニケーションに対する新しい見方が必要になってきます。それは、以上で述べたように、コミュニケーションの参加者どうしの「共在」を重視し、「伝達」をさほど重視しないという見方です。人類学者・マリノウスキーが挨拶などについて「ファティック・コミュニオン (phatic communion, 言語交際) (Malinowski, 1923 石橋訳 2008, p. 406) と呼んだ[7]、非情報伝達的なことばのあり方を、私たちはもっと広範に、そしてコミュニケーションの根本的あり方に関わる深い形で、認める必要があります。

❹ 日本語コミュニケーションにおける真のタブーとは？

　では、伝達重視のコミュニケーションだけでなく、共在重視のコミュニケーションをも認めて、これらを併用すれば、『いい人』『好かれる人』の言動となるのでしょうか。

---

7) もっとも、ファティック・コミュニオンを紹介するマリノウスキーのことばの中に、「言語が自由に目的もなく、ただ漫然と社交用にもちいられる」(Malinowski, 1923 石橋訳 2008, p. 404)、「あることを知らせるためでもなく、またこの場合には、ある活動に人を結束させるためでもなく、思想を表現するためではなおさらなくして、ただ漠然と取り交される。かような言葉は共通の情操を起こすに役立つ、といってさえ妥当でないとわたしは思う」(p. 404) といった非目的論的なものだけでなく、「それは社会的機能を果たすものである。そしてそれが主要な目的である」(p. 406) といった目的論的なものが混じっていることは残念と言わざるを得ません。目的論を前提とすることが必ずしも妥当でないことについては第4節を参照してください。

そうであれば話は簡単なのですが、実は必ずしもそうはなりません。日本語コミュニケーションには真のタブーと呼ぶべきものがあり、これをおかしてしまうとコミュニケーションは台無しになってしまいます。そのタブーとは意図の有無に関わるもので、ここには「コミュニケーションはなんらかの目的を達成するためのものだ」「ことばはその目的を達成するために使われ、機能を発揮する道具だ」という私たちの目的論的な思い込みが関わっています (定延, 2011)。

　このような目的論のほころびは、実はすでにこれまでにも触れてきたことです。流暢な発言が「鼻にかけている」と否定的に評価されてしまうのは、「流暢にしゃべれることを見せつけて自分の優秀さをアピールしてやろう」といった話し手の意図が感じられた場合だということ (第 2.1 節)、同調が「調子のいい奴」の「軽い」「上っ面の」セールストークと否定的に評価されてしまうのは、「ものを買ってもらおう」「相手と良い関係になろう」という目的意識が露骨に感じ取れるせいだということを (第 2.2 節)、思い返してみてください。

　以上のことは、日本語教育とも無縁ではありません。例えば、「～たら」という構文を取り上げてみましょう。相手に何かを提案する際、「それ、こうなさったら？」と、「～たら」構文でハキハキ言うのは、敬語が入っているとはいえ高飛車というイメージがあり、敬うべき目上 (上司など) に対して言うには問題があるようです。しかし、同じ「～たら」構文でも、おずおずとした口調で「それ、あのー、こうなさったら…」と、「言いさし」(白川, 2009) で述べれば、「自分があなたにアドバイスするなど出過ぎたこと」と考えていることが露わになり、謙虚な『いい人』キャラの物言いになるので、目上に対しても問題はなくなります。

　しかし、このことを学習者に教えた場合に、学習者が (使役の文型や可能の文型のような)「一般」の文型を言うような調子で「それ、あのー、こうなさったら」と言ってことばを切り、さあ自分は「言いさし」を行った、あとは誰が自分のこの発言を引き取ってくれるかと言わんばかりに周囲を見まわし、自分は『いい人』ですよというアピールを強烈ににおわせたりすれば、この学習者の人物イメージ演出はたちまち見透かされ、その演出は逆効果に

なってしまいます。

　日本語学習者の語用論的能力習得を論じる中で太田 (2014) があげる会話断片 (6) は、このような「悪いコミュニケーション」の実例と考えることができるでしょう。

(6)　[Xはロシア語を母語とする日本語学習者だが、超級に属し、ロシアの一地方の日本語教育を束ねる立場にある。そこに日本から日本語教師として赴任してきたYは、ロシア語が不得手で、ことあるごとにロシア語の通訳を周囲に頼んでいる。Yがロシア語が不得手だということは皆に知られている。日本語で行われるスタッフ会議の中で、XはYに、翌日行われる祭りに行ってみるよう勧める]

　　X：明日のお祭りは、とても有名なので是非Yさんも見に行ってください。で、Yさんはロシア語は…［ずっとYを見る］
　　Y：できません(笑)
　　X：なら学生Zも行きますから、通訳してもらってください。

　このとき、Yは「自分がロシア語ができないことは公然の事実なのだから、はっきり言ってくれてもいいのに」という感慨を持ち、自分の「できません」発言を待ちつづけるXに違和感を持ったといいます。このXは、公的な場でYの無能力を口にするという暴挙を避けて自身の『いい人』キャラを守り、Yとの良好な関係を保持しようとして「Yさんはロシア語は…」という「言いさし」に及んだと考えられますが、その意図が露わになってしまったことで、その目論見は失敗してしまったと言えます。

　「自分は『いい人』だ」とアピールしようという意図も露わに『いい人』の言動をなぞることこそ、『いい人』というめざす人物評から逆に自分を遠ざけてしまう、真のタブーでしょう。私たちが社会生活を送る中で最も気にしてやまない「人物評」は、そもそも意図や目的意識といった目的論的な概念とは合いません。以下、このことをさらに説明しておきます。

　例えば「あの料理人はいい腕だ」といった「技能評」は、その技能が当の

料理人の意図によるものだとしても（たいていはそうでしょうが）、まったく傷つきません。客たちが「いい腕だ」と言い合っていたところ、その評判を耳にした当の料理人が厨房から飛んできて、「そうでしょう。私は皆さんから『いい腕だ』と言われるようになりたいと、修行してきたんです」と、自らの意図や目的意識を吐露しても、「いい腕」という技能評は傷つかず、「いい腕」のままです。

　また、「この料理はうまい」のような「作品評」も同様で、その「うまさ」が料理人の意図によるものだとしても（たいていはそうでしょうが）、基本的に傷つきません。客たちが「この料理はうまい」と言い合っていたところ、料理人が厨房から飛んできて「そうでしょう。私は皆さんから『この料理はうまい』と言ってもらおうと、昨日から仕込みをして頑張っていたんです」と、自らの意図や目的意識を吐露しても、「うまい料理」という作品評は「うまい料理」のままです[8]。

　しかし、例えば「あの人は豪快な人だ」のような「人物評」は、そうはいきません。「あの人は豪快な人だ」と噂していたところ、それを当人が聞きつけてやって来て「そうでしょう。私は皆さんから『豪快な人だ』と言ってもらおうと、豪快に思われそうなことを頑張ってやっているんです」と言えば、「なんだ、豪快はわざとやっていたのか」ということになり、その人の『豪快』キャラは木っ端微塵になります。その豪快さが「自分を『豪快な人』だと評してもらおう」と意図し、そのように振る舞った結果、豪快に感じられたものだと判明すれば、もはやその人物は『豪快な人』ではあり得ないのです。

　善行を積むにしても「私が『いい人』だということを善行で示しましょう。ほら、このとおり、『いい人』ですよ」と言ったのでは『いい人』とは評されません。誰にも見られていないと思える状況で人知れず善行を積む、その後ろ姿を見るまでは、他人は「あの人は『いい人』だ」とは認めません。結局のところ「人物評」とは、「あの山は見事だ」のような「自然物評」の一種であり、意図とはなじまないものなのです。この点で「人物評」は、「技能評」や「作品評」とは大きく異なっています。

---

[8]　ただし作品の中でも、作り手の人間性（人物）が大きく関わる芸術作品に関しては、意図的に過ぎるものは敬遠される傾向にあります。詳細は定延（2011）を参照してください。

自分に対して、良い人物イメージを相手に抱いてもらい、相手と良い人間関係を築き保持するには、『いい人だ』と思える言動を相手の前で行うことが効果的ですが、「あなたに『いい人』だと思ってもらい、良い人間関係を築くために、私はこうします」「ほら、このとおり、私は『いい人』ですよ」と言ったのでは、その効果は大幅に減退してしまいます。私たちが獲得したいと願っている『いい人』『好かれる人』のような人物イメージ、つまり「あの人は『いい人』だ」のような「人物評」は、「意図的にコントロールできないことになっている」という強い性質を持っています。

　「コミュニケーションの目的は情報伝達と人間関係調整である」「ことばは情報伝達と人間関係調節の機能を持つ」というような、コミュニケーションやことばに目的や機能が当然あるものとして、それらを前提とする考えは、一見したところ実にもっともらしいのですが、以上に述べた意味で、人物イメージの分析には不十分と言わざるを得ません[9]。例えば「誰も私のことをわかってくれない」「あの人のことが信頼できない」といった、日々のコミュニケーションにおける私たちの切実な悩みは、目的論を超えなければ分析できません。

　晴天のもと、街で出会った知人に「いい天気ですね」と言うような、情報伝達の機能を果たさない挨拶ことばが「良い人間関係を構築し保持するために」交わされるのだといったよくある説明は、実は必ずしも正しくありません。確かに、挨拶の結果、良い人間関係が構築され保持されやすくなるとは言えるでしょうが、それは私たちが（少なくとも表面上は）「何の意図も目的意識もなく、思わず」相手に挨拶すればこその話です。「あなたと良い関係を持つために、挨拶をしますよ」「あなたに『いい人』と思ってもらうために、挨拶をしますよ」と相手に告げて挨拶をしたのでは、挨拶の効果は台無しになります。話し手がどういう意図と目的意識をどの程度持っているかは、話し手自身にしか（時には話し手自身にも）わからないことですが、少なくとも表面上は、話し手は挨拶に何の意図も目的意識も持っていません。「思わず」

---

[9] ハサミの機能を問われれば「紙を切ること」などと即答しやすい一方で、秋の日や18歳の機能を問われれば返答に詰まってしまうように、「機能」という概念はすべてのモノに想定できるわけではなく、目的達成のために開発された道具に当てはまる目的論的な概念です。

挨拶をするだけです。

　母語話者・学習者を問わず、良い人物評を得るためにできることがあるとすれば、「あの人は『いい人』だ」と思われることをすること、ただし、「『いい人』だと思ってもらおうとしてやっている」という意図を悟られないようにし、さも何気ない風を装うということでしょう。「あの人は『いい人』だ」と思われることをするのがすっかり習い性になって、自分でも意図はわからないけれど、ただなんとなくそういうことをする、という状態に至れば『いい人』の完成です。思えば、「皆のためになることをしなさい」などと親に諭されたのは、この「習い性」化に向けての第一歩だったのかもしれませんね。

　OPIにおいても、上級学習者が「せんぱーい、明日、空港まで、ゼヒ〜…（送ってください）」などと「言いさし」でテスターに反応を乞うけれども、それがうまくいかずテスターは黙ったまま、といったことが珍しくないと聞きます。発言の失敗であるはずの、訥々とした「言いよどみ」や、おずおずとした「言いさし」といった日本語コミュニケーションの「ヘタウマ技」は[10]、くれぐれもわざとらしく響かないよう、学習者は使役や可能の文型などとは区別して、いわば「正規の授業」とは別の「課外授業」で、こっそりと教わり、ひそかに習得してもらいたいものです。

　この「課外授業」をどのように行うかについては、さまざまな考えがあり得ますが、日本語を母語とする日本語教師の真価は、何よりもこの「課外授業」の成否ではかられると言ってもよいでしょう。

❺ おわりに

　伝達論・目的論に基づくコミュニケーション観の限界は、身体的コミュニケーションに関する一部の研究者によって、実は早くから指摘されています。

10）「ヘタウマ技」に類するものは文字コミュニケーションにも見いだすことができます。わかりやすいものとしては、たとえば「に」「ほ」「ん」「ご」を崩して「レニ」「レま」「ω」「⊇ｸ」のように表記する「ギャル文字」(澤田, 2005) や、「に」「ほ」「ん」「ご」のような「ダメ字フォント」、「に」「ほ」「ん」「ご」のような「ダサ字フォント」がありますが (http://ha4.seikyou.ne.jp/home/azipon/preview.html#dameji)、絵文字や句読点なども「ヘタウマ」な現れ方をすることがあります。

代表例を次の (7) にあげておきます。

(7) 言語を中心に考えられたコミュニケーションのモデルは、たとえば「送り手の意図に基づく情報の伝達」といういい方に代表されるものであるが、これが身体的コミュニケーションの典型的な事例にうまくあてはまらないのである。

(北村, 1988, p. 42)

そして身体的コミュニケーションにかぎらず、言語コミュニケーションの研究においても、伝達論・目的論に基づくコミュニケーション観がさまざまな限界を持つということは、私がこれまで述べてきたことです(例えば定延 (2005, 2013a)、さらに定延(近刊a)を参照してください)。

巷間(こうかん)には「コミュニケーションで自分を伝えよう」といった、いかにももっともらしい標語があふれていますが、このような標語はもし厳密に考えるなら、伝達だけを重視しているという点でも、目的論を前提としているという点でも、私たちのコミュニケーションの本質を見誤っていることになります。本章で述べたのは、伝達論・目的論に基づくコミュニケーション観が、言語教育の観点からみても、やはり大きな限界を持つということです。

付記
　本章は、日本学術振興会の科学研究費補助金による基盤研究 (A)「状況に基づく日本語話しことばの研究と，日本語教育のための基礎資料の作成」(課題番号: 23242023, 研究代表者: 定延利之)、基盤研究 (A)「つっかえタイプの非流ちょう性に関する通言語的調査研究」(課題番号: 15H02605, 研究代表者: 定延利之)、基盤研究 (C)「MOSAIC: Model of Spontaneous and Interactive Communication」(課題番号: 24500256, 研究代表者: Nick Campbell) の成果の一部でもある。

参考文献

上里美樹・吉野幸一郎・高梨克也・河原達也 (2014).「傾聴対話における相槌の韻律的特徴の同調傾向の分析」『人工知能学会研究会資料 言語・音声理解と対話処理研究会(第70回)』(SIG-SLUD-B302, ISSN: 0918-5682), pp. 7-13.

太田悠紀子 (2014).「日本語学習者の語用論的能力習得」日本語プロフィシェンシー研究会春合宿ポスター発表 (2014年3月29日, 於湯の花温泉「烟河」)

北村光二 (1988).「コミュニケーションとは何か?」『季刊 人類学』19(1), pp. 40-49. 社会思想社.

木村大治 (2003).『共在感覚—アフリカの二つの社会における言語的相互行為から—』京都大学学術出版会.

木村大治・佐藤真 (2008).「どのように〈共に在る〉のか—双対図式からみた「共在感覚」—」『談』81, pp.11-37. たばこ総合研究センター.

キャンベル,ニック (Nick Campbell) (2010).「日常会話における気持ちの伝え方」林博司・定延利之(編)『コミュニケーション、どうする? どうなる? 』pp. 114-137. ひつじ書房.

串田秀也 (1997).「ユニゾンにおける伝達と交感—会話における「著作権」の記述をめざして—」谷泰(編)『コミュニケーションの自然誌』pp. 249-294. 新曜社.

串田秀也 (2006).『相互行為秩序と会話分析—「話し手」と「共-成員性」をめぐる参加の組織化—』世界思想社.

定延利之 (2005).『ささやく恋人、りきむレポーター—口の中の文化—』岩波書店.

定延利之 (2011).『日本語社会 のぞきキャラくり—顔つき・カラダつき・ことばつき—』三省堂.

定延利之 (2013a).「フィラーは「名脇役」か?」『日本語学』32(5), pp. 10-25. 明治書院.

定延利之 (2013b).「話し手の意識から見た文節の構造」, 人工知能学会 第69回 言語・音声理解と対話処理研究会 (SIG-SLUD)(於岩手県立大学アイーナキャンパス)『人工知能学会研究会資料 言語・音声理解と対話処理研究会(第69回)』(SIG-SLUD-B302, ISSN: 0918-5682), pp. 73-77.

定延利之 (近刊a).『コミュニケーションへの言語的接近』ひつじ書房.

定延利之 (近刊b).「文節の文法」庵功雄・佐藤琢三・中俣尚己 (編)『日本語文法研究の新天地を求めて(仮題)』くろしお出版.

澤田浩子 (2005).「メール・ネットのことば」上野智子・定延利之・佐藤和之・野田春美 (編)『日本語のバラエティ』pp. 120-125. おうふう.

白川博之 (2009).『「言いさし文」の研究』くろしお出版.

長岡千賀・前田恭兵・小森政嗣 (2008).「心理臨床面接における対話者の身体動作(1)

―カウンセラーとクライエントの身体動作の相互影響過程―」『日本認知科学会第25回大会発表論文集』http://www.jcss.gr.jp/meetings/JCSS2008/papers/pdf/JCSS2008_P4-11.pdf

水谷信子 (1988).「あいづち論」『日本語学』7(13), pp. 4-11. 明治書院.

水谷信子 (1993).「『共話』から『対話』へ」『日本語学』12(4), pp. 4-10.明治書院.

文部科学省 (2008).『小学校学習指導要領解説 国語編』http://www.fuku-c.ed.jp/center/contents/kaisetsu/kokugo.pdf

文部省 (1999).『小学校学習指導要領解説 国語編』東洋館出版社.

Chafe, W. L. (Ed.). (1980). *The pear stories: Cognitive, cultural, and linguistic aspects of narrative production.* Norwood, NJ: Ablex.

Chafe, W. L. (1987). Cognitive constraints on information flow. In R. S. Tomlin (Ed.), *Coherence and grounding in discourse; Outcome of a symposium, Eugine, Oregon, June 1984* (pp. 21-51). Amsterdam, Philadelphia: John Benjamins.

Clancy, P. (1982). Written and spoken style of Japanese style. In D. Tannen (Ed.), *Spoken and written language: Exploring orality and literacy* (pp. 55-76). Norwood, NJ: Ablex.

Couper-Kuhlen, E. (2001). Intonation and discourse: Current views from within. In D. Schiffrin, D. Tannen, & H. Hamilton (Eds.), *Handbook of discourse analysis* (pp. 13-34). Oxford: Blackwell.

Esposito, A., Campbell, N., Vogel, C., Hussain, A., & Njholt, A. (Eds.). (2010). *Development of Multimodal Interfaces: Active Listening and Synchrony: Second Cost 2102 International Training School Dublin, Ireland, March 23-27, 2009.* Berlin and Heidelberg: Springer.

Gilmartin, E. & Campbell, N. (2013). More than just words: building a chatty robot. In J. Mariani, S. Rosset, M. Garnier-Rizet, & L. Devillers (Eds.), *Natural interaction with robots, Knowbots and smartphones: Putting spoken dialog systems into practice* (pp. 179-185). New York, NY: Springer.

Iwasaki, S. (1993). The structure of the intonation unit in Japanese. In S. Choi (Ed.), *Japanese/Korean Linguistics, Vol. 3* (pp. 39-51). Stanford, CA: Center for the Study of Language and Information.

Malinowski, B. (1923). The problem of meaning in primitive languages, In C. K. Ogden & I. A. Richards (Eds.), *The meaning of meaning: A study of the influence of language upon thought and of the science of symbolism* (pp. 296-336). London: Routledge & Kegan Paul. [ブロニスロー・マリノウスキー「原始言語における意

味の問題」C．オグデン・I．リチャーズ（著）(1936), 石橋幸太郎（訳）(2008).『新装 意味の意味』補遺, pp. 385-430. 新泉社.]

Maynard, Senko K. (1989). *Japanese conversation.* Norwood, NJ: Ablex.

Reddy, M. J. (1979). The conduit metaphor - a case of frame conflict in our languge about language. In A. Ortony (Ed.), *Metaphor and thought* (pp. 284-324). Cambridge: Cambridge University Press.

Shannon, C. E. & Weaver, W. (1949). *The mathematical theory of commuication.* Urbana: University of Illinois Press. [C. E. シャノン・W. ウィーヴァー（著）, 長谷川淳・井上光洋（訳）(1969).『コミュニケーションの数学的理論―情報理論の基礎―』明治図書.]

Sperber, D., & Wilson, D. (1986, 1996). *Relevance: Communication and cognition.* Cambridge: Harvard University Press. [D. スペルベル・D. ウィルソン（著）, 内田聖二・中逵俊明・宋南先・田中圭子（訳）(1993, 1999).『関連性理論―伝達と認知―』.研究社出版.]

Wierzbicka, A. (2003). *Cross-cultural pragmatics: The semantics of human interaction.* Berlin, NY: Mouton de Gruyter.

2 文脈の活性化と談話の開華

鎌田修

❶ はじめに

　私達は日常の生活においてしばしば「あの人にはどこか華があり、つい、話しかけてしまう」とか「どういうわけか、あの人がいると話が盛り上がる」などということを経験します。一方、日本語の授業で口を揃えてしっかり文型練習をこなしたあと、「さあ、どうぞ、自由に会話をしましょう」などと言うと、なぜか静まりかえってしまうこともあります。また、どんな言語であれ、コミュニケーション能力の向上をめざした教育である以上、生の自然な教材を使って教えたくなるものです。しかし、生だからといって最初は学生の関心を呼んだとしても、難しすぎたり、内容がピッタリこなかったりと、生教材が逆に生ゴミになってしまったりすることもあります。「話が盛り上がる」「会話の授業に活気が出てくる」「なぜか引き込まれる教材」などというのは一体どのようにして可能になるのでしょう。筆者は、そのような質問に対する答えの根源は、ここで展開する「文脈の活性化」という点にあると思います。そして、文脈が活性化することにより、そこで行われる言語活動を通して、「いま、ここであなたはどういう活動がどのように、そして、どの程度、できるか」を示す「プロフィシェンシー」が向上すると考えます。

　このようなことを問題意識として、本章では、まず、「文脈」「コンテクスト」「談話」などの類似した用語の整理を行います。そのうえで、「文脈の活性化」という概念が何を意味するのかを述べます。それには大きく分けて2通りのタイプがあることを指摘します。1つは他からの刺激によって活性化が起こるタイプです。もう1つは、文脈そのものが自発的に活性化するタイプです。それから、活性化の素になる談話要素は何かということについて、言語教育的観点と談話分析的観点から考察を行います。前者の場合、今現在の能力を少しずつ延ばすために必要な文脈へのソトからの刺激（活性化）を、後者の場合は、文脈そのものがウチから自発的に活性化する言語事象を取り上げます。山口（2009）の引用論のもとになった「エコー疑問（echo-question）」、

それから、フィラー、あいづち、間投詞など、いわゆる「周辺的要素」と言われつつも、実は、談話を談話たらしめる重要な役を担っている言語要素がそれらに該当します。最後に、そのような活性化を可能にする「生きた」教育と「生きた」教材、つまり、「華」のある教育、教材とは何かについて私論を展開します。

❷ 用語の整理

　本論に入る前に、まず、ここで用いる用語の整理を行います。談話分析（discourse analysis, ディスコース・アナリシス）の歴史を語るのが本章の目的ではないので、必要最小限の説明にし、できるだけ早く本筋に入ろうと思います。

　冒頭でも触れたように、私たちのことばはそれがどのような環境であれ、なんらかの場面に置かれ、場面とともに存在します。「私」ということばは、辞書のあるページの1つの項目としても存在すれば、また、今筆者である私がこの文章を書いているパソコン上の文章にもあります。また、なんらかの理由で多くの聴衆を前に講義を依頼され、「私は〜でございます」という自己紹介を行うときにも存在します。このようにことばをその使用場面（context, コンテクスト）とともに分析を行うことを談話分析と呼びます。狭義の文法分析、例えば、生成文法などでは、極力ことばとその使用場面とを切り離し、「純粋」に言語のみの分析を試みようとしますが、談話分析はそれとは反対の立場にあります。それは一語であれ、一文であれ、一段落であれ、必ず、それらが使用される場面とともに存在すると考え、分析を行います。また、「場面」は、しばしば、「コンテクスト」とも呼ばれ、さらに、「文脈」「状況」という用語も使われます。これらの用語の間には、それを使用する人によって多少の違いがあるのは事実です。例えば、場面といえば、現実に存在する場所のイメージやシーンが思い浮かぶでしょう。文脈といえば、文の連なりをイメージさせる文章的ニュアンスが浮かぶでしょう。コンテクストもどちらかというと、テクストと「共に、同時に」（"con-" という接頭辞の意味）存在するもの、つまり、「テクスト（文面）とともに」という文章的

なニュアンスを持つでしょう。しかし、ここではこれらの用語に区別を設けず、すべてをまとめて「文脈」という用語で統一し、それに「なんらかの言語活動が行われる時空間」という意味を持たせます。「時空間」とは「イマ、ココ、ワタシ、アナタ、そして、第三者」というその場面を成立させる直示要素 (deixis, ダイクシス) を指します。

　また、談話という用語もいろいろな意味で使われます。例えば、「午前11時に安倍首相が集団的自衛権に関する重大な談話を発表しました」というような場合、それはなんらかの話、意見、コメントというような意味を持ちますが、ここではそのような使い方はしません。むしろ、何か飲み物を片手におしゃべりをするような、「談話室」という場合の「談話」を含みます。ただ、ここで用いる談話は会話、つまり、話しことばだけでなく、小説などに現れる書きことばも当然重要な対象となります。それが話しことばであれ、書きことばであれ、なんらかの言語使用場面、つまり、文脈に立脚した言語活動の集合体を談話と呼びます。

　「談話」という用語と「文脈」という用語はしばしば混同して使われますが、ここではそれらを明確に区別します。ある文脈のもとで生起し、なんらかの形を有した言語活動を談話と呼び、それらを同じものとしては扱いません。繰り返しますが、ここでは、文脈とは言語活動が行われる時空間を指し、そして、それが活動として実現したものを談話と呼び、それらを区別します。このプロセスは次のように図示することができます。

```
┌─────────────────────┐
│      談　話          │
│ (実現された言語活動)  │
└─────────────────────┘
           ▲
           │
┌─────────────────────────────────┐
│           文　脈                  │
│ (なんらかの言語活動が行われる時空間)│
└─────────────────────────────────┘
```

図1　文脈と談話の関係

新たに生まれた談話は、当然、時の流れとともに生まれる新たな文脈とともに生起します。時の流れ、つまり、縦軸的な通時的変化だけではなく、横軸的な共時的変化も発生し、そのような流れの中で新たに生まれた談話は拡大もすれば、あるいは、消滅もすると考えられます。以下に続く本章の議論にとって大切なのは、談話と文脈は切り離して考えるということです。

　談話を研究対象とする分野を談話分析と言いますが、それは語用論 (pragmatics) という、ことばとそれを用いる使用者や文脈との関係を研究する分野とも重なります。また、ことばと人間社会の関係を扱う社会言語学 (sociolinguistics) とも研究領域が重なり、研究者によってはこれらを区別しない場合もあります。それについて、ここでは厳密な区別をしませんが、大切な点は、ことばをそれが使用される場面と抱き合わせて考察するという姿勢です。

　このように言語使用に重きをおく談話分析は、当然、第二言語教育と非常に強いつながりを持ちます。とりわけ、自然な言語使用場面におけるコミュニケーション能力の育成をめざすコミュニカティブ・アプローチにとって談話の分析は欠かせません。誰しも、より自然な日本語を話し、また、より自然な日本語が書ける能力を養いたいものです。筆者は、そのような能力の育成の要は、ことばが使用される「文脈」の活性化にあると考えるのです。

❸ 文脈の活性化

　前節では文脈と談話の違いを述べ、文脈が活性化される（あるいは、活性化する）と実際の言語活動である談話が生まれるということを述べました。ここでは、まず、活性化には他からの刺激に反応する意図性の強い伝達型の活性化と、意図性の弱い、いわば、自発的に活性化が起こる2通りのものがあることを見ます。

3.1　刺激反応型：他からの刺激による活性化

　脚本家でもあり演出家でもある平田オリザ氏は演劇手法による「対話」の促進を訴えていますが、単なるおしゃべり的会話ではなく、異なる意見を

しっかり交わすことを目的とした「対話」こそ、本当のコミュニケーション能力を育むものだと言っています（平田、2012など）。彼がしばしば引き合いに出す例として、ステージ上で仲のよい家族が食卓を囲んで和気あいあいとおしゃべりをしている場面があります。それを見ている観客には、その家族のお父さんがどんな職業についているのかなどまったくわかりませんし、お父さんの職業に関わるような話題はそのような場面には出てきません。そこで、そのようにありふれた平面的な場面に活気を与え、それをより「対話」的なものに変えるためにはどうするべきかという問いを投げかけます。答えは、そこに「他人」を登場させることだと言います。つまり、知り合い同士の場面に他人を加えることにより、そもそも、その他人がそこにいる家族にとって何者（例えば、お父さんが勤務する銀行の同僚）であるかを説明しなければならなくなります。また、同様に、その家族が何者であるかをその他人とその場面を見ている観衆に説明する必要も生じてくるわけです（例えば、息子は高校3年の受験生だとか）。ありふれた文脈になんらかの刺激を加え、新たに活性化された文脈を作り出すことにより、単なるおしゃべりではなく、より高いコミュニケーション能力（この場合、説明力、記述力など）を必要とする「対話」が生まれるという考えです。

　このように当該の文脈にそれとは別の文脈からの刺激（上の例の場合、「他人」つまり、「お客」）が加わることによる文脈の活性化は、基本的に、なんらかの情報を持っている者と持っていない者との間に生じるインフォメーション・ギャップを埋めるために生じるコミュニケーション行動の代表的なものに通じます。いわゆる、隣接ペア (adjacent pair) と呼ばれる［質問 (Question)―答え (Answer)］のつながりや、あるいは、［質問 (Question)―答え (Answer)―コメント (Remark)］という発話交換 (speech exchange) に合った活性化と同様のものと言えます。当該の文脈のどの部分がギャップ（刺激）の対象になるのか（あるいは、対象にするのか）は談話の流れや、その談話を構成するさまざまな要素に左右されるでしょう。語学教師をしていると、学生が学習項目をきちんと学んでいるかを確かめるため、しばしば、わざとらしい質問を与えたりすることがあります。例えば、動詞の過去形の練習が終わると、「今朝は何を食べましたか」などという質問をよくするので

すが、学生のほうは、朝は何も食べない学生も多く、適当な答え（例えば、「パンを食べました」）を出して済ませてしまうことが多々あります。いわゆる、質問のための質問をしてしまうわけで、これではコミュニケーション能力が向上するはずがありません。平田氏が唱える「対話力」の養成に必要な新たな場面の提示による文脈の活性化は、語学教育にも大変重要なものだと言えます。どうすれば、質問のための質問をしなくて済み、本当に知りたいこと、本当に答えたいことが学習課題となり、より自然な場面が提示でき、その結果、意味あるコミュニケーション活動が行えるようになるのか、という課題はこれからもさらに追求していく必要があるでしょう。

3.2　自発型：文脈そのものが自発的に活性化するもの

　コミュニケーション行動には、前節で見たような他から与えられた刺激に応えるタイプのものだけではなく、むしろ、人間に生命力がある限り、また、地球が動く限り、おのずと発生するものもあります。文脈も同様に、それ自体がおのずと（あるいは「無意識」のうちに）活性化するものがあり、そのような形のコミュニケーション行動のほうがより基本的なものだという考えがあります。前節で論じた「他からの刺激」が当該の文脈以外からの「刺激」を指すのに対し、ここでは、当該の文脈そのものを構成する「話し手」「聞き手」がおのずと、無意識のうちに、発し、それがその文脈の活性化につながっている現象です。

　本書の執筆者の1人でもある定延（2013）はフィラー、あいづちなど「周辺的言語要素」の重要性を例に、コミュニケーションには3つのタイプがあり、状況論的観点からして一般には軽視されている次の3つ目のものが最も基本的であると主張しています。少し長くなりますが、ここにそれらを紹介します。

　　① 道管モデル型：
　　　　いわゆるメッセージそのものの伝達を目指し、話し手AがメッセージMを聞き手Bに伝達し、Bはそれをそのまま、受け取り、また、別の聞き手CにそのMを伝えるという伝統的なコミュニ

ケーションモデル。その際、もともとのメッセージMに付随する「えーと」や「あのう」などのフィラーは情報としての重みを持たないので、AからBへの伝達、BからCへの伝達の際には、「ゴミとして」すべて捨象される。

② 意図伝達モデル型(「目的論的発話観」):
伝達を目的としたコミュニケーションに付随し、聞き手Bは話者Aが発するメッセージMとともに発されるフィラーに含まれた「意図」をその伝達の場面において読み取る。その過程において生じるフィラーは捨象されることはない。しかし、話し手が発するメッセージMに付随するフィラーが持つと考えられる「意図」と、それを聞き手Bが読み取る「意図」とが一致する保証はない。

③ あからさま行動型(「状況論的コミュニケーション観」):
伝達を意図しないものの、あからさまに自発的に発するメッセージに付随するフィラー。「あっ」「さあー」など、聞き手に意図的に伝えようとするのではなく、なんらかの事態に遭遇した際、ほぼ自動的に発する。「勝手に相手に"伝達"される」もの。一般のコミュニケーション論の中で看過され続けられているもの。
(定延(2013)をもとに記述)

　定延(2013)の主張は、上の③「あからさま行動型」の重要性を訴えるものですが、フィラー、あいづちだけではなく、間投詞、終助詞(「よ」「ね」等)、フォネーション[1]、ジェスチャーなどの「周辺的」だと言われているコミュニケーション要素はけっしてランダムに起きるのではなく、そこには状況と結びついた規則性があると言います。また、それらはほぼ自動的に起こるもので、母語話者にとって「誤用不可能」なものでもあると指摘しています。実際、

---

1) 文字では書き表しにくい「発話の姿勢」とも呼ぶような(例:力み)音声要素のこと。

自然な日本語、ありのままの日本語を観察すればするほど、これらの、いわゆる、「周辺的」要素こそ、日本語を「生き生き」と「生きた」ものにしていることに気づきます。また、①、②は意図的な伝達を行うという点で、前節の「他からの刺激による文脈の活性化」に該当し、一方、③はここで提示している「文脈そのものが自発的に活性化するもの」にあたると考えられます。日本語を介した現実の生活における「いま、この言語場面」の運用能力、つまり、プロフィシェンシーの向上をめざす外国語教育において、生き生きとした自然な談話を扱うことは、なににもまして大切なことだと言えないでしょうか。

　おのずと活性化する文脈をさらに活性化するというのは若干矛盾を含む言い方かもしれませんが、外国語教育において、おのずと活性化しやすい環境を整えることは必須のことと言えるでしょう。なによりも、まず、フィラーやあいづち等をゴミ扱いせず、それらが自然に生じる会話、当該の会話参与者がおのずと引き込まれるようなテーマを提供し、いわば、自由闊達に話をさせる環境を整備すべきでしょう。そのような場合、フィラーやあいづちこそ、その会話に結束性を与える要素になります。具体的なデータは後ほど示しますので、それを参照してください。

　「他からの刺激による活性化」についても、インフォメーション・ギャップ（質問）があれば、それを与えられた人は必ず、そのギャップを埋めなければならない（答えなければならない）というわけではありません。誰しも、関心のない質問には答えたくないものです。つまり、他からの刺激がそれに応えるに値するもの、話者が答えたくなるようなもの、さらに言うと、自発的に答えたくなるような質問でなければ、本当に意味ある文脈の活性化にはなりません。そういう意味で、ここでも「文脈そのものが自発的に活性化するもの」のほうが「他からの刺激による活性化」より基本的だというべきでしょう。それらがどういうものかは、次の第3.3節で説明します。

3.3　文脈の活性化を引き起こすもの

　前節では文脈の活性化には2つのタイプがあることを見ました。1つは他からの刺激に伝達を意図した形で反応し、文脈が活性化するもので、もう1

つは伝達を意図しない形で文脈自体がおのずと活性化するものです。すでにお気づきの読者もいるでしょうが、これはドイツの言語学者カール・ビューラー（Karl Buhlers, 1879-1963）がなんらかの事態（命題）に対して、それを伝達の対象とするか、それを単なる事象として認識するかによって2通りの表現方法があると主張したことに通じます。また、日本語学においては仁田義雄氏らがまとめたモダリティ論にも通じます。つまり、1つは言表事態（命題）の伝達を目的としたモダリティ（質問、命令など）で刺激反応型の文脈の活性化にあたり、もう1つは、言表事態（命題）の認識に関わるモダリティ（感情表出、現象描写など）で自発型の文脈の活性化に該当します。ここでは、それぞれの型のそもそもの原点になると考えられる談話現象を3つの視点から考察します。

A. プロフィシェンシーの観点から見た文脈の活性化

　1980年代に第二言語習得研究の世界で一世を風靡したスティーブン・クラッシェン（Stephen Krashen）(1983) は、「習得（acquisition）」と「学習（learning）」はまったく異なるものであり、「習得」があってこそ、はじめてその言語を身につけたと言えると主張しました。そして、その習得は現在の言語能力レベルを"i"とすると、それより少し高め（"i+1"）の能力を要求するタスク（言語活動）が、文法的説明、つまり、「学習」を経ないで、そのタスクを取り巻く文脈を頼りに自然に理解（pick-up）できるようになれば、その能力が身についた、つまり、「習得」したことになるが、「学習」による理解では身についたことにはならないと主張しました。いわゆる、「モニターモデル」と言われるものですが、その検証可能性はさておき、なんらかのタスクをそれが置かれた文脈を手がかりに理解し習得することと、理屈による学習との間にインターフェイス（接点）があるかないかという問題は、その後、大きな議論として発展し、いまだ、続いています。そして、Krashenの言う「"i+1" comprehensible input（理解可能な"i+1"レベルのインプット）」という概念は今、ここで論じている文脈の活性化とその結果が言語運用能力の向上につながるという考えにも十分通じます。ある能力レベルにいる学習者に少し難しめのタスクを与え、そのタスクが置かれた文脈を活性化させ、

それが遂行できるようになれば、その学習者のプロフィシェンシーも向上するということになります。

　米国外国語教育協会（ACTFL）の定めるプロフィシェンシーの評価基準（ACTFL Proficiency Guidelines）は日常的な言語活動が行えるレベルを中級とし、それを越える、つまり非日常的な言語活動が行えるレベルを上級とします。前節で取り上げた平田オリザ氏の例にも見られるように、予測どおりに繰り返され、パターン化した日常生活に、予測どおりには展開しない非日常的なことを加え、そこに生じるギャップを埋める過程を切り抜けることでより高いコミュニケーション能力（対話力）が養われると考えられます。また、日常的にセットされたストレートな意味交渉、例えば、よく利用するスーパーでの買い物を行うレベルから、骨董品やより高額な商品を買い求める際に必要とされる交渉が行えるレベルといったように複雑な意味交渉の能力を要求する上級レベルへと上がっていく過程と並行します。このように平坦なタスクが行われる文脈から、より複雑なタスクが行われる文脈へと「突き上げていく」ことも文脈の活性化と言えます。このような手法はACTFL-OPI（ACTFL Oral Proficiency Interview, ACTFL口頭能力測定面接テスト、以下OPI）の骨子となっていて、どのようなタスクをどのような能力の学習者にどう与えるかということを決めるのに大変役立ちます[2]。

B. 山口（2009）の引用起源論と刺激反応型の文脈活性化：対話の生起

　自然言語の大きな特徴の1つはどのような言語にも、ある人が述べたこと（あるいは、述べること）をそれとは別の場で別の人（同人物でもあり得る）がまた別の人に伝える「引用」[3]というメタ言語機能があることです。一般に英語では、"X said, '…'" とか "X said that …" というような形式を取り、一方、日本語では、「～と言った」「～って言ってた」等の形式を取ることもよく知られています。いわゆる、「直接話法」「間接話法」という文法用語を

---

2)　OPIについては牧野他（2001）、鎌田・川口・鈴木（1996, 2005）、鎌田・嶋田・迫田（編）（2008）など多くの参考文献があるので、それらを参照してください。

3)　ここでの「引用」は「伝達」というコミュニケーション行為を意味し、「伝聞」などの言語行為も含みます。

中学の英語教育で習います。そして、まず直接話法があり、それから間接話法が導きだされると教えられます。そのうえでどのような文法操作が働くのか、それが受験英語の大切な問題の1つとしても登場することになります。しかし、そのような話法の違いはどの言語にもあるのか、また、あるとしても、本当に間接話法は直接話法に従属するものなのか、そもそも、直接話法や間接話法といったものは私たちの言語活動にとってどんな役割を果たしているのか、などという問いは、よほどことばの研究に関心がないかぎり頭に上ってこないでしょう。すべてがあたかも「常識」のごとく、単なる知識として語学の教科書に記されているだけでしょう。引用とは何か、話法とは何かという問いはある談話とそれとは異なる次元で発する談話がどう結ばれるかを議論するうえで大変重要な課題であり、多くの研究者が熱心にその課題に取り組んでいますが、ここでそれについて詳しく触れることはできません。しかし、「はじめにディスコースありき」「まずは自然データを直視」という「先入観」を排した態度で臨んだ山口 (2009) の引用起源論は、談話のどういう側面が「対話」を生起させるかをはっきり示し、ここで考える文脈の活性化に直結した示唆を与えてくれ、ここでの考察に重要な役割を果たします。

　山口治彦氏は著書『明晰な引用、しなやかな引用』(2009) において英語と日本語の対照研究を行うに際し、引用とは「他人のことばをそれと分かるように自分のことばに取り込む行為である」(山口, 2009, p. 1) と鎌田 (2000) のそれと同様の機能的定義づけを行い[4]、引用は単なる先行発話の再現ではなく伝達者の自分なりの理解が込められ発話されるものと考えました。そして、引用という言語行為の持つ根源的な機能は「対話」を生起、継続させることであり、一般に考えられている「報告する」あるいは「物語る」という機能は二次的なものだとしました。話し手と聞き手の間になんらかの伝達不良が生じ、それを解消するために「聞き返す」ということが行われます。話し手が述べたことを丸々繰り返し (つまり、引用し)、末尾を上昇イントネーションで締めくくる、いわゆる「エコー疑問 (echo-question)」という形式です。山口 (2009) はそれが引用の原点であると主張しました。つまり、ある談話

---

[4] 鎌田 (2000, p. 17) は、「引用」とは、「ある発話・思考の場で成立した (あるいは、成立するであろう) 発話・思考を新たな発話・思考の場に取り込む行為である」と定義づけています。

とそれとは別の談話を結ぶ引用という言語行為は元の発話者が述べたことを尻上がりのイントネーションで繰り返す問い返しという行為だという主張です。それはここで論じている、ある文脈が活性化し、新たな文脈に発展する過程と同じだと言えるでしょう。

山口 (2009) はこの点を次の演劇場面によって詳述しています。場面は、夫Alvyとその妻Annieの会話の中で、Annieが精神分析医に会ってきたことについてAlvyが質問するところです。

(1) Alvy: (Thinking) Tsch, what'd the doctor say?
Annie: (Putting away some groceries) Well, she said that I should probably come five times a week. And you know something? I don't think I mind analysis at all. The only question is, (a) Will it change <u>my wife</u>?
Alvy: (b) Will it change <u>your wife</u>?
Annie: (c) Will it change <u>my life</u>?

アルヴィー: (考えながら) ん, 医者は何て？
アニー: (買い物袋を脇にやって) うん、週に5日は来たほうがいいだろうって。それでね、分析は全然いいんだけど、唯一の問題は、(a) <u>私のワイフ</u>を変えるかってことなの。
アルヴィー: (b) <u>君のワイフ</u>を変えるって？
アニー: (c) <u>私のライフ</u>を変えるかって？

(山口, 2009, pp. 42-43, (25): 下線、訳は筆者による修正を加えたもの)

ここで興味深いのは (b) が先行するAnnieの発話 (Will it change my wife?) を「間接的に」エコーしている点です。つまり、(a) の "my wife (わたしのワイフ)" を話者 (アルヴィー) の立場から (b) で "your wife (君のワイフ)" に変換して問いただしています。これが「自由間接話法」[5]というもので、そ

---

5) 「自由話法」とは引用動詞などを介在せず伝達節のみで引用する表現法のこと。

のような変換がなく、(a) のまま、"Will it change my wife?"とエコーされたらそれは引用動詞を伴わないで発話される「自由直接話法」となるわけです。

　山口はこのような談話的証拠をもとに、直接話法や間接話法ではなく、伝達上のなんらかの障害を解消する「エコー疑問」が引用という談話活動を引き起こし、それを実現しているのは「対話」という文脈であると説いています。そして、このような引用を「対話の引用」と称し、「語りの引用」と呼ぶ直接話法や間接話法と区別しています[6]。「対話」における「エコー疑問」が引用という行為の「無標 (unmarked, より普通)」のもので、引用動詞を伴って表現されるいわゆる直接話法や間接話法は「有標 (marked, より普通ではない)」のものであるという山口 (2009) の指摘は、実は、「対話」ではなく、「語り」においては、それが逆転するという興味深い観察にも裏づけられています。「語り」には「対話」に見られるような話者と聞き手の対立は存在しません。したがって、語りにおける引用には引用動詞を伴う話法 (例えば、"Taro said that he was not coming." など) が一般的なもの、つまり、無標のものになるという結論が導かれるわけです。この点においても、「先入観」にとらわれないで談話データを直視する態度の大切さがうかがえます。さらに、このような「対話」か「語り」かという伝達モードの違いによる引用の位置づけが「近接性 (immediacy)」と「遠隔性 (displacement)」というChafe (1992) の概念によって説明できるという点も大変興味深い談話的現象の発見と言えるでしょう。つまり、話し手と聞き手が近くにいればいるほど (つまり、近接的で対面式の対話)、引用動詞を必要としない遠隔的伝達形式 (自由話法) が取られ、遠くなればなるほど引用動詞を介した伝達形式 (直接、あるいは、間接話法) になるというわけです。文脈の活性化にとって大切な要素はその場に参与している人間です。人間の存在をこのように際立たせる引用は、文脈の活性化には欠かせないものだと言えます。

　山口 (2009) は、日本語の引用についても同様の手法でディスコースを観察し、「対話」におけるエコー発話が引用の起源であると言います。

---

[6]　鈴木 (2013) によると、このような引用観は、今から100年以上も前にすでに言語学者Etsko Kruisingaが発表しているとのことです。

(2) A：工藤君みたいな人は日本では生きづらいのかな？
　　B：最近はそうでもなくなってるんですけど、(a)なんであの人ああなの？　っていう風にいわれたことはよくあります (笑)
　　A：(b)なんであの人はああなのって？　(笑) それはどういう意味なんだろう？
　　B：(c)なんであの人ああやって自己主張が強いの？　って

(山口, 2009, p. 12, (10)[7])

　日本語の自然な談話には、一般の文法書や教科書で「文型」として登場する「〜が〜と言う」という形式で現れる引用文は非常に限られ、「主格（〜が）」が出現せず、また、引用助詞も「と」ではなく「〜て／って」が出現し、さらに、上の例 (2) (b), (c) のように「ッテ＋φ」（φは無形）の形式が多いと指摘しています。そのうえ、「〜って、〜が。」（例：「来ないって、先生が。」）というような倒置的語順が頻繁に現れるなど、日本語は「しなやかな」引用形態を持ち、日本語における引用助詞の「て／って」と「と」の対比は英語における引用動詞を伴わない「自由話法」と引用動詞を伴う「直接／間接話法」との違いに匹敵すると山口は説いています。ここでは、「って」の談話上の用法について詳述することはできませんが、岩男 (2003)、鈴木 (2007)、北野 (2007)、杉浦 (2007)、加藤 (2010) など多くの研究が進行中であることを指摘するにとどめておきます。

　文脈の活性化における新たな「人間の登場」に関して、筆者自身の引用論も少し、紹介します。筆者は『日本語の引用』（鎌田, 2000）において「引用句創造説」という仮説を提示しました。それは引用という言語行為は新たな場において元発話をそのまま「再現」するのではなく、元発話の持つ意味を新たな、その場に適切な形にして提示することだという主張です。それは直接引用であれ、間接引用であれ、同じ原理に基づくと考えられます。例えば、次の例を見てみましょう。

---

7)　山口 (2009) ではこのデータが小説からのものであり、「A」「B」という話者表示ではなく、「A」は「＿＿」が「B」には何も表示なしで対話であることが示されている。

(3) 某大学の総長が国から藍綬褒章(らんじゅほうしょう)を受け、その祝賀会でのスピーチ：

まあ、お前、ようやってきた、褒めてやるぞ、というようなことでこの賞をいただいたのですが……。

(鎌田, 2000, p. 111)

(4) 映画監督宮崎駿氏がアカデミー名誉賞を受賞したときのインタビューでの発話：

私の家内が、あのう、お前は幸運だとよく言います。

(「NHKニュース7」2014年11月19日放送)[8]

(3)では、「まあ、お前、ようやってきた、褒めてやるぞ」が直接引用表現になりますが、それは元の発話をそのまま引用しているのではなく、この伝達の場である祝賀会で要求されているような雰囲気に合わせた表現、つまり、創造したものとなり、また、それがその場にふさわしいものと言えます。このように、直接引用は新たな伝達の場における、その場に調和した新たな発話の創造的行為であり、それは文レベルの文法操作で終わる間接話法より、さらに高次の談話レベルの操作を必要とし、より高い言語運用能力 ─プロフィシェンシーを要求すると言えるでしょう。(4)においても同様のことが言えるでしょう。宮崎駿監督の妻が夫に対して「お前は～」と言うことはまったくあり得ないわけではないでしょうが、この場での彼の引用表現はやはり「創造的なもの」に違いありません[9]。このように引用という言語行為は「対話」を継続、発展、創造させ、文脈の活性化には欠かせないものです。今後のますますの研究が期待されます。

---

[8] You Tube (https://www.youtube.com/watch?v=QJ4nM7JKQW8) からも確認可能。(2015.2.10 アクセス)

[9] もちろん、「誤用」の可能性も排除できませんが、それより、伝達の場における「謙遜」の念が優先して「お前」が選ばれたのではないでしょうか。例(3)も同様の推測が可能です。

C. フィラー、あいづち、間投詞と自発型の文脈活性化

　言語研究において、一般に、「周辺的」あるいは、「ゴミ」とまで見なされていたフィラーやあいづち、間投詞等がその談話を生き生きとさせていることにしばしば気づきます。前述の定延 (2012, 2013) が指摘しているように、それらは、周辺的と言われるより、むしろ、談話全体を包み込むものであると言えましょう。また、意図して使うようなものではなく、おのずと、自然に出てくる表現です。自然に出てくるからこそ、その談話が自然なものになるのは当然でしょうが、かといって、それらは、くしゃみやあくびというような生理的なものではなく、やはり、日本語、日本語文化の要素としてある種の規則性をもって発出されます。ここでは、まず、そのようなフィラーやあいづちを母語話者レベルで使いこなせる非母語話者Yさんの発話を再現し、自発型の文脈活性化について考察します。

　場面は、アメリカの某大学で国際会議が開かれ、それに参加した私の知人であるY (日本語OPIの超級話者の中国語母語話者、女性) に、同じく筆者の知人S (日本語母語話者、中年女性) をキャンパスの路上で紹介したときのものです。そのビデオクリップ (1分) を文字に起こしたものですが、大変テンポよく、生き生きと話が展開された様子を思い浮かべてほしいと思います。

(5)　ビデオカメラを持っているK (筆者) がY (中国語母語話者、女性、日本語OPIの超級) にS (日本語母語話者、女性、OPIテスター) を紹介したところ。

```
1 K ： Sさんとでも何とでも、何とでも、話やったげて[ごらん]
2 Y ：                                           [えー
3 S ：                                           [えー
4 Y ： ビデオですね、撮りますね、
5 S ： えー！
6 Y ： もう、そうらしいですね＝
7 K ： ＝Sさん、OPI、ちょっとやったげて
8 S ： (笑)
```

9Y： 1年間そこにいてぇ、そのあと、もう仙台に移ったんですけど
10S： (a)あっ、そう
11Y： はぁい、
12S： むこうは、どれくらい
13Y： (b)えっ？　えっ？
14S： 向こう行ってどれくらい経つぅ
15Y： あのう、今年、そうですね、5年目になります。
16S： 今度ね、仙台でね、なんか、(c)きょうい…く……＝
17Y： (c)＝研究方法か…[い
18S：　　　　　　　　　　　[そう、そう、そう]
19Y： あそこで、発表することに、なっているんですけど
20S： (a)あっ、あれ、わたしもあれに行くことになっているので
21Y： (d)あっ、そうですか、よろしくおねがいします。9月なんですけど、
22S： そう、そう、そう。9月の終わりごろ＝
23Y： ＝(e)ぜひぜひ、また、よろしくおね…実は、成田空港で、お目にかかったんですけど
24S： えっ！　わたくしめを？　いやだ(f)[ねぇ
25Y：　　　　　　　　　　　　　　　　　(f)[そ、でも、ぜんぜん、あのう今回来るとき＝
26K： ＝あ、Sさん、中国語、専門で、大阪外語で、
27Y： (g)えーっ！　そうなんですか？
28S： むかしはね、
29Y： …… shen me

（＝ラッチング、[ ]重なり、…ポーズ）

ここに録画を再生させることができないのは残念ですが、テンポよく、しかし、早すぎることはなく、非常に自然な会話が進んでいった様子が伝われば幸いです。
　この1分間の談話について指摘できることはずいぶんたくさんあります

が、いくつか重要なものだけここに取り上げます。まず、母語話者S (10S, 20S) の (a)「あっ」の感嘆詞、さらに非母語話者Y (21Y) の (d)「あっ」がいずれも大変自然に使われています。また、Y (13Y) の (b)「えっ」とY (27Y) の (g)「えーっ」は前者が軽い疑問を表す間投詞ですが、後者は驚きを表すもので、それらも適切に使い分けがなされています。これら間投詞の使用に加え、さらに、Yの日本語の自然さが現れているのは、16S、17Y、18S のつながり (下線部 (c)) に見られる「共話」(水谷, 1995) を構成していく能力は見事なものです。16Sが「きょうい…く……」とすべての名前が思い出せないところを17Yが「研究方法か」と補っています。このラッチング[10]のうまさは、23Yの「ぜひぜひ」というかなりこなれた話しことばを続けることにより、そこに日本語の自然さが出ていることからもわかります。また、24S、25Yの発話の重ねも非常に自然に出ています。

このように自然談話に頻繁に、かつ、自発的に表出し、その談話を生き生きとしたものにする間投詞は、他にもたくさんあります。「はっ！」「へぇ？」などの間投詞、「えーっと」「あのう」「まぁ」「さあ」などのフィラー、聞き手が発する「相づち」(「ええ」「はぁ」など) などは、当該の文脈を大いに活性化させます。そして、その習得は日本語学習者のプロフィシェンシーを高めるのに大きく貢献しています。

また、それら個々の用法の研究だけでなく、より一般化した説明が必要なことも強調すべきでしょう。その意味で、定延・田窪 (1995) の「ええと」と「あの (ー)」の差異に関わる「心的操作モニター機構モデル」は先駆的なものと言えます。

ここで考察しているフィラーやあいづちなどは、当該の談話の進行に話者、あるいは、聞き手が信号を送る「談話標識 (discourse marker)」と呼ばれるもので、かつてのコミュニケーション研究において妥当な位置づけが与えられていませんでした。しかし、これらは当該の言語活動、つまり、談話そのものの生き生きとした側面を如実に示し、その背後にある文脈がおのずから活性化した結果であることを物語っています。それらは一般に「周辺的な言

---

10) 牽引するという意味から、談話においてある発話の後部とそれに続く別の発話の前部が重なり、「牽引状態」が生じること。

語要素」と言われ、言語研究の対象にすらならなかったのですが、実は、ここでも見たように談話の展開に非常に大切な役割を果たしていることが最近いろいろな研究でわかってきました。このような観点から『月刊日本語学』(明治書院)は2013年4月臨時増刊号において「ことばの名脇役たち」と題する特集を組み、単に「脇役」としか見なされていなかった言語現象が、実は、実際の「舞台」(談話)においては非常に重要な役割を演じていることを明らかにしています。また、これらが(厳密にはこれらの多くが)母語話者ならば意図することなく自然に発話されるもので、自発的な文脈の活性化を行うものであります。この点については、すでに第3.2節で紹介しましたが、定延 (2013) の「あからさま行動型」と称するコミュニケーションモデルを、もう一度、ここに繰り返します。

③ あからさま行動型（「状況論的コミュニケーション観」）：
伝達を意図しないものの、あからさまに自発的に発するメッセージに付随するフィラー。「あっ」「さあー」など、聞き手に意図的に伝えようとするのではなく、なんらかの事態に遭遇した際、ほぼ自動的に発する。「勝手に相手に"伝達"される」もの。一般のコミュニケーション論の中で看過され続けられているもの。

(定延 (2013) をもとに記述)

生成文法学者Noam Chomskyが言うように、もし、人間に言語的直観 (linguistic intuition) というものが生得的に備わっているなら、おそらく、談話を作り上げる談話的直観 (discourse intuition) というものも備わっているでしょう。そして、どうやら、前述のエコー疑問や、ここで再確認した「あからさま行動」などがそれに該当するのではないかと思われます。そして、どちらの直観もきわめて高い自発性をその特徴とすると言えるでしょう。

❹ おわりに：文脈の活性化を可能にする「生きた教材」と「生きた教育」のための条件

　これまで、自然な言語活動が行われる場面を文脈と捉え、それが活性化し、談話が生まれることでプロフィシェンシーが向上すると述べてきました。文脈の活性化には大きく分けて、2つあり、1つは、他からの刺激に意図的に反応して活性化する場合、もう1つは、意図することなく自発的に活性化する場合であることを見ました。では、教育の現場において私たちはどうすれば文脈の活性化を促し、談話を展開させ、日本語学習者のプロフィシェンシーを少しでも向上させることができるのでしょうか。答えは言うまでもなく、よい教材の提供、よい教育の提供となるでしょう。華のある教材、華のある教育、つまり、「生きた」教材と「生きた」教育を提供することです。手にしただけでそこでの課題に取り組みたくなるような教材、その場にいるだけでさらに学習したくなるような教育環境、そのような日本語教育の展開が、まさしく、談話を開華させ、プロフィシェンシーの育成を促すと考えられます。ここでは、それらの具体例を示す余裕がありませんが、以下にそれを可能にする条件を述べることで本章を閉じたいと思います。

① 単に自然で、「生」のものというのではなく、そこになんらかの「華（はな）」とも呼ばれる刺激があり生き生きとしたものであること。

② それに接すれば、おのずと触れてみたくなるような表層的なものだけでなく、より深く知りたくなる、あるいは、話したくなる内容を備えた、つまり、学習者の関心に強く訴えかけるものであること。

③ それを使えば、現時点のプロフィシェンシー、つまり、現実の生活における機能的言語能力がより高くなるもの、現時点のレベルより少し高いレベル (i+1) を要求するものであること。

④ 現実の生活場面において、遭遇し、また、そこで使用しなければならない可能性のあるもの、つまり、遭遇可能性と使用可能性の高いものであること。

　最初の①と②は自発的に生じる活性化で、一方、次の③は他からの働きかけによって生じる活性化と呼べるでしょう。最後の④は自主的なものであれ、他からの刺激によるものであれ、いずれの活性化もその場面の大切な要素として成り立つ場面と考えます。これらの条件は教室現場で使用される教材の中身だけでなく、それを使用する教師、それから学生についても言えることでしょう。つまり、生きた教育現場にはなによりも生きた教師が必要で、生きた教師とは教材同様、教育場面を活性化するなんらかの「刺激」「華」を持ち合わせている必要があるでしょう。学生との間に適度なラポール (raport, 人間関係) を持ち合わせ、さらに、教師自身が上に述べたような自発的、あるいは、他発的な刺激を持ち、学生がおのずから話しかけたり、問いかけたりしたくなるような「刺激」や「華」を持ち合わせている必要があるでしょう。日本語教育における「文脈の活性化」とは、結局、日本語教師、学習者自身、教室環境、そして、日本語使用場面そのものの活性化ということになるのでしょう。

　本章全体のまとめとして図2を提示します。読者のみなさまのご理解の助けになれば幸いです。

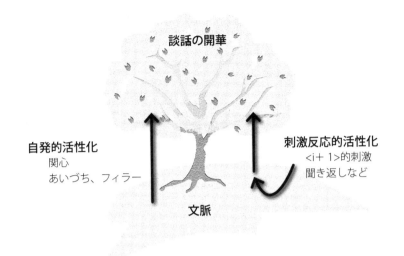

図2 「談話の開華」

参考文献
岩男考哲 (2003).「引用文の性質から見た『って』について」『日本語文法』3(2), pp. 146-162.
加藤陽子 (2010).『話し言葉における引用表現―引用標識に注目して―』くろしお出版.
鎌田修 (2000).『日本語の引用』ひつじ書房.
鎌田修・川口義一・鈴木睦 (編) (1996).『日本語教授法ワークショップ』凡人社.
鎌田修・川口義一・鈴木睦 (編) (2005).『日本語教授法ワークショップ　増補版』凡人社.
鎌田修・嶋田和子 (編) (2012).『対話とプロフィシェンシー―コミュニケーション能力の広がりと高まりをめざして―』凡人社.
鎌田修・嶋田和子・迫田久美子 (編) (2008).『プロフィシェンシーを育てる―真の日本語能力をめざして―』凡人社.
北野浩章 (2007).「『ていうか』『ですか』の文法論」『言語』36(3), pp 70-76. 大修館書店.
定延利之 (2012).「ジェスチャーとしての感動詞と終助詞」『日本語学』31(3), pp. 40-51. 明治書院.
定延利之 (2013).「フィラーは「名脇役」か?」『日本語学』3(5), pp. 10-25. 明治書院.

定延利之・田窪行則 (1995).「談話における心的操作モニター機構―心的操作標識『えेと』と『あの (ー)』―」『言語研究』108, pp. 74-92. 日本言語学会.

杉浦まそみ子 (2007).『引用表現の習得研究―記号論的アプローチと機能的統語論に基づいて―』ひつじ書房.

鈴木亮子 (2007).「他人の発話を引用する形式―話し言葉の通時的分析―」『言語』36(3), pp. 36-43. 大修館書店.

鈴木康志 (2013).「話し言葉における体験話法研究」ms. 引用・話法の研究会.

平田オリザ (2012).「日本語教育と国語教育をつなぐ『対話』」鎌田修・嶋田和子 (編)『対話とプロフィシェンシー―コミュニケーション能力の広がりと高まりをめざして―』pp. 28-44. 凡人社.

牧野成一・鎌田修・山内博之・齋藤眞理子・荻原稚佳子・伊藤とく美・池﨑美代子・中島和子 (2001).『ACTFL-OPI入門―日本語学習者の「話す力」を客観的に測る―』アルク.

水谷信子 (1995).「日本人とディベート―『共話』と『対話』―」『日本語学』14(6), pp. 4-12. 明治書院.

山口治彦 (2009).『明晰な引用、しなやかな引用』くろしお出版.

Chafe, W. (1992). Immediacy and displacement in consciousness and language. In F. Coulmas & J. L. Mey (Eds.), *Cooperating with written texts: The pragmatics and comprehension of written texts* (pp. 231-255). Berlin: Mouton de Gruyter.

Krashen, S. D. (1983). *Principles and practice in second language Acquisition.* New York, NY: Pergamon Press.

02章 文脈の活性化と談話の開華

鎌田修

3 談話というレンズを通してACTFL-OPIの評価基準を「批判的に」考える

清水崇文

❶ はじめに

　本章では、「談話」という観点からACTFL-OPIのプロフィシェンシーの評価基準を「批判的に」考察することをめざします。はじめにお断りしておきますが、筆者自身はACTFL-OPIのテスターではありませんし、トレーニングを受けた経験もありません。こんなことを言うと、ACTFL-OPIに携わっている方から「素人が知った風な口をきくな」という声が聞こえてきそうですが、物事は「ソト」からのほうがよく見えるということもしばしばあるものです。そのようなわけで、ふだん日本語学習者のコミュニケーション能力を語用論や談話の面で研究している立場から、談話研究という「ソト」の視点を持ち込んだ建設的な批判をしていけたらと思います。

❷ 「談話」とは何か

2.1　談話の定義

　談話の観点からプロフィシェンシーについて考察するためには、まず「談話」とは何かを定義する必要があります。試しに手元にある国語辞典で調べてみたら、「はなし。特に、ある事柄についての意見などを (非公式に) 述べたはなし。」(『岩波国語辞典第7版』) と定義されていました。「はなし」とは、またずいぶん漠然としています。後半部分は、「首相の談話」などとして使われる場合を指します。他にも「談話室」「友人との談話」などという使い方がありますが、この場合は「くつろいだおしゃべり」というような意味でしょうか。いずれにしても、こうした一般的な定義は、談話の一側面しか捉えていないように思います。

　では、「談話」の学術的な定義はどうなっているのでしょうか。実はこれには諸説あって1つに定まっているわけではありません。なぜなら、言語に対する考え方が異なれば「談話」の定義も異なってくるからです。言語を心

理的な現象と見なす形式主義 (構造主義) の立場では、談話とは「文を超えた言語 (language above the sentence)」のことです。つまり、談話は音韻、語、文と徐々に大きくなっていく言語の単位の最上位にあるものとなります。この立場から談話を研究する談話文法では、研究者自身が理想化して作ったいくつかの文の連続 (これが談話です) を用いて文法上の仮説を証明しようとします。文を語句の集合として捉え、その並び方に関する規則を解明する統語論のように、談話を文の集合として捉え、文と文がつながってまとまりを構成する規則を明らかにするわけです。このように考えると、談話の研究は統語論の延長上にあるとも言えます。

一方、言語を主に社会的現象だと考える機能主義の立場では、談話とは「使用における言語 (language in use)」です。「文」より大きな単位 (文の連続) であるか否かにかかわらず、「何かの行為や意味を伝えるために現実世界のコンテクストの中で産出され、解釈される言語」(Cameron, 2001, p. 13) を談話と考え、これを社会的機能や相互作用の伝達目的との関係から研究します。

第三の定義としては、両者の折衷案とも言える、談話とは「発話 (utterance)」であるというものがあります。この立場では、談話は言語の単位であることは認めますが、それは必ず特定のコンテクストの中で産出されたものでなければならないと考えます。この立場を提唱するSchiffrin (1994) は、談話を「コンテクストに埋め込まれた言語使用の単位」と考えることによって、談話分析がめざす2つの目的―談話の構成 (文の連続のしかた) を支配する規則を明らかにする目的と、そうした談話の構成がコンテクストの中で伝達される「内容」に与える影響を解明する目的―を同時に追求することができると述べています。

以上談話に対する代表的な3つの立場をあげましたが、談話とプロフィシェンシーの関係を考察する本章の目的に照らして最も有用なのは、談話を形式と機能の両方の視点から捉えようする第三の定義ですので、本章ではこの定義に基づいて論考を進めます。

2.2 談話に対するアプローチ

「談話」という対象にどのように迫っていくか、そのアプローチにも多様な選択肢が考えられます。談話分析の専門書 (橋内, 1999; Cameron, 2001; McCarthy, 1991; Schiffrin, 1994など) では、談話文法 (discourse grammar)、語用論 (pragmatics)、相互行為の社会言語学 (interactional sociolinguistics)、コミュニケーションの民族誌 (ethnography of communication)、会話分析 (conversation analysis)、批判的談話分析 (critical discourse analysis)、変異分析 (variation analysis) など多くのアプローチが取り上げられていますが、それらの詳細を紹介することは本章の目的ではありません。しかし、この後の議論で必要になる基本的概念である、語用論の「ポライトネス (politeness)」と相互行為の社会言語学の「コンテクスト化の手がかり (contextualization cue)」については、ここで簡単な解説をしておきたいと思います。

2.3 語用論とポライトネス

語用論はことばの意味とその使用者やコンテクストとの関係を探求する言語学の分野ですので、語用論を使って談話にアプローチするというのは、談話に参与する話し手の意味 (意図) の表出や聞き手によるその解釈の観点から談話を考えるということです。ここで言う「意味 (意図)」には依頼や謝罪のような発話によって何かの行為を遂行する意図 (「発語内効力 (illocutionary force)」と呼ばれます) だけでなく、人間関係に関する意味も含まれます。この人間関係の意味を生み出す基盤になるものがポライトネスです。ポライトネスとは、一言で言えば「円滑なコミュニケーションを図り、会話参与者との円満な関係の構築、維持を行う語用論的な働き」(清水, 2009, p. 23) のことです。談話が話し手の意図を伝達するためだけに行われるのであれば、私たちはGriceの協調の原則 (cooperative principle) (Grice, 1975) に則って、自己の意図が明確に伝わるような直接的な話し方だけをしていればよいはずですが、実際にはそうではありません。その説明を、話し手が自己の発話が相手に与える心理的負担 (「フェイスの侵害」と呼ばれます) を軽減するためにさまざまな言語的手段を使って相手への配慮を示すことに求めたのが、Brown & Levinsonのポライトネス理論 (Brown & Levinson, 1987) です。語

用論の視点からの談話の分析では、意図の伝達と相手への配慮という、時に相反するコミュニケーションの目的がどのように談話の中で実現されているかを明らかにすることが課題になります。

2.4 相互行為の社会言語学とコンテクスト化の手がかり

談話を社会的な相互行為として捉え、その実践において参与者がお互いに手がかりを示しながら相互理解の基盤である解釈の枠組み(「フレーム(frame)」と呼ばれます)を構築していく過程を明らかにするアプローチは、相互行為の社会言語学と呼ばれています。相互行為の社会言語学では、コンテクストは所与のものではなく、談話の中で会話参与者によって喚起され、会話に関連づけられると考えます(高木, 2008)。その際に利用される言語的・非言語的な合図が「コンテクスト化の手がかり」です。コンテクスト化の手がかりとなるのは、イントネーション、リズム、ポーズ、速さや音量の変化などの音声的特徴(「パラ言語的記号(paralinguistic signals)」と呼ばれます)や発話途中での言語や言語変種の切り替え(「コードスイッチング(code-switching)」と呼ばれます)などですが、これらの談話要素は習慣的に知覚され利用されることはあっても、命題内容を伝達するものではないため意識的に注目されることはほとんどありません(Gumperz, 1982)。また、その選択は文化的に決定されるため、異なる文化背景を持つ人々の間で行われる談話、いわゆる異文化間コミュニケーション(intercultural communication)において齟齬が生じることが多くなります(Cameron, 2001)。

❸ 談話の遂行能力とプロフィシェンシー

3.1 能力(知識)とプロフィシェンシーの関係

談話についての本章の基本的な考え方を明らかにしたところで、次にACTFL-OPIが談話を遂行する能力を正しく測定するためには、言語コミュニケーションに関するどのような要素を評価基準に組み入れておくべきかを考えます。それには、まずACTFL-OPIが対象とする「プロフィシェンシー(proficiency)」と、外国語教育や第二言語習得研究の分野に広く浸透してい

る「コミュニケーション能力 (communicative competence)」の関係を考察することから始めるのがよいでしょう。ACTFL-OPIは、もともとコミュニケーション能力の概念に基づいて開発されたものではありません (牧野, 1991) が、こうした分野で広く認められているコミュニケーション能力の概念とある程度の整合性を持ち合わせなければ、利用者 (学習者や教師) にとって評価の基準がわかりにくいものになってしまうと考えられるからです。

坂本 (2009) は、Taylor (1988) の3分法に基づいて、コミュニケーション能力とプロフィシェンシーの関係を整理しています。この3分法では、コミュニケーション能力を①知識を表す「能力 (competence)」、②力を表す「プロフィシェンシー (proficiency)」、③結果を表す「パフォーマンス (performance)」の3つに分けて考えますが、この「能力＝知識」という考え方は、後ほど紹介するCanale & Swain (1980) やBachman & Palmer (1996) のコミュニケーション能力の捉え方と一致しています。

「能力」が「知識」であるとすると、プロフィシェンシーは「その知識を使用・処理する力 (の程度)」ということになります。つまり、①能力 (知識) がなければそもそも②プロフィシェンシーは望めませんが、たとえ①能力 (知識) があったとしても、それを現実場面での言語運用に活かせなければ②プロフィシェンシーはないものと判定されるということです。そして、一定の②プロフィシェンシーがあるかどうかの判断は言語運用の結果である③パフォーマンスを見て決めることになるわけです。牧野 (2001) はこうした関係を「コンピテンスとパフォーマンスを一つにして、むしろパフォーマンスのほうから言語能力を見ている」(p. 20) という表現で表しています。また、坂本 (2009) は、以上の考察に基づいて、プロフィシェンシーを「(さまざまな知識を有することを前提として、その) 知識を正しく、適切に、一貫性を持って、理解、産出の両面で処理する能力の程度」(p. 25) と定義しています。

能力 (知識) をパフォーマンスとして発現する処理能力がプロフィシェンシーなのであれば、インタビュー中に現れたパフォーマンスの中にこれらの能力 (知識) に相当するものを見つけ出し、どの程度その能力 (知識) が備わっているのかを判定するのがACTFL-OPIだということになるでしょう。そう考えると、ACTFL-OPIで談話の遂行能力を測定するためには、談話を維持

し、進めていくのに必要なコミュニケーション能力の要素（知識）は何かがわかっていなければならないことになります。そこで、次にこうした談話の遂行に関わる能力がコミュニケーション能力の構成要素のモデルの中でどのように捉えられているかを考察します。

3.2 コミュニケーション能力の構成要素のモデル

　外国語教育や第二言語習得研究の分野では、学習者が習得すべき目標言語の能力を同定する手立てとして、コミュニケーション能力がどのような能力で構成されているかに関心を持ってきました。これまでにさまざまなコミュニケーション能力のモデルが提唱されてきましたが、その中で広く知られているものにはCanale & Swain (1980) が考案し、Canale (1983) によって修正されたモデルやBachman & Palmer (1996) が提唱したモデルがあります。

　ここでは、言語テストの設計・開発の観点から考案されたBachman & Palmer (1996) のモデルに基づいて、コミュニケーション能力の構成要素を概観することにします。このモデルでは、コミュニケーション能力の言語知識に関わる要素を (a) 語彙、統語、音韻など個々の文の構成に関する「文法能力 (grammatical competence)」、(b) 個々の文のあつまりを結束性と首尾一貫性を持った文連続として組織化する「テキスト能力 (textual competence)」、(c) 言語形式と発話の意図や機能を対応させる「発語内能力 (illocutionary competence)」、(d) 言語と社会文化的コンテクストの関係、文脈的適切さに関する「社会言語学的能力 (sociolinguistic competence)」の4つに分類しています。そして、言語の構造的側面に関わる要素である (a) と (b) は「構成能力 (organizational competence)」、言語の機能的側面に関わる (c) と (d) は「語用論的能力 (pragmatic competence)」にまとめられます。

　談話を「コンテクストに埋め込まれた言語使用の単位」と定義する本章の立場では、構成能力も語用論的能力も等しく大切になりますが、構成能力の中で談話の構造的側面に関わるのは主にテキスト能力になるでしょう。一方の語用論的能力の2つの要素はどちらもコンテクストの中での談話の生成や理解に不可欠だと考えられます。

　以上の考察から、談話の遂行に必要な能力は、複数の文を結束性・首尾一

貫性をもったまとまりとして組織化しながら談話を構成していく能力（知識）と談話が行われているコンテクストに照らして適切に発話の意図を伝達・解釈する能力（知識）の両方であることがわかります。ACTFL-OPIではこれらの能力（知識）を理解、産出の両面で処理する力をプロフィシェンシーとして捉え、それらを評価基準にしっかりと記述することが必要ではないかと思います。

❹ 談話の観点から見たACTFL-OPIの評価基準

4.1 ACTFL-OPIの評価基準とコミュニケーション能力の構成要素

　ここまでの議論を踏まえて、ACTFL-OPIが談話の遂行に必要な能力（知識）をプロフィシェンシー判定の対象としているかどうかを、その評価基準に照らして考えていきます。

　『ACTFL-OPI試験官養成用マニュアル 1999年改訂版』（以降、『マニュアル』と呼びます）の評価基準では、評価の対象を「総合的タスク／機能」「場面と話題」「正確さ」「テキストの型」の4つの領域に分けています。また、そのうちの「正確さ」は、さらに細かく①文法、②語彙、③発音、④社会言語学的能力、⑤語用論的能力、⑥流暢さの6項目に分類されています。各項目の内容は、以下のとおりです。

① 文法：
　　言語の構造体系、統語論はもちろん、用言の活用形などの形態論、段落の統括性を扱う談話文法も含まれる
② 語彙：
　　その大きさ及びその的確な使用
③ 発音：
　　分節音素の特徴だけでなく、ピッチ、イントネーション、アクセントなどの超分節音素の特徴を含んだ音韻上の規則を守る能力

④　社会言語学的能力：
　　　話していることがその地域における、与えられた状況にふさわしいかどうか、という社会文化上の規則を守る能力
⑤　語用論的能力：
　　　さまざまな発話管理のストラテジーを使ってメッセージを伝え、言語を完全にコントロールできない部分を補う能力
⑥　流暢さ：
　　　メッセージを伝える速度とその首尾一貫性

（牧野（1991, 2001）を参考にして作成）

　この6項目を談話に関する能力（知識）と照らし合わせてみると、まず①文法の中の「談話文法」がBachman & Palmer (1996) のテキスト能力に相当することがわかります。したがって、談話の構造的側面についてはACTFL-OPIの評価の対象に含まれていると言えます。

　では、談話としての意図・意味の伝達・解釈の側面はどうでしょうか。コミュニケーション能力の構成要素でこの側面を担うものは語用論的能力（発語内能力＋社会言語学的能力）ですので、ACTFL-OPIの基準でこれに相当するものは、一見すると④社会言語学的能力と⑤語用論的能力のように思えます。しかし、それぞれの内容の説明を読むと、これらの項目によって評価している能力（知識）の範囲はコミュニケーション能力のモデルが想定するものと異なっている、あるいはそれより範囲が狭いことがわかります。

　まず、⑤語用論的能力ですが、「さまざまな発話管理のストラテジーを使ってメッセージを伝え、言語を完全にコントロールできない部分を補う能力」は、語用論ではなく、コミュニケーション・ストラテジー (communication strategies) (Corder, 1983; Tarone, 1983) に関わるものです。この種の能力をBachman & Palmer (1996) は知識を運用する能力としての「方略的能力 (strategic competence)」の一部だと考えています。（なお、Canale & Swain (1980) は、これを知識としての「方略的能力」と捉えています。）ACTFLが語用論的能力をどのように捉えているかもう少し詳しく知りたいところですが、残念ながら『マニュアル』にはこれ以上詳しい記述は見られません。

そこで、その代わりに、語用論的能力の具体的な要素の記述が見られる牧野 (2001) を参考に見ることにします (表1)。

表1　語用論的能力の評価基準

超級	ターンテイキング、重要な情報のハイライトの仕方、間の取り方、相づちなどが巧みにできる。
上級	相づち、言い換えができる。
中級	相づち、言い換えなどに成功するのはまれ。
初級	語用論的能力はゼロ。

(牧野, 2001, p. 19, 抜粋)

牧野 (2001) があげている具体的な評価の対象は、「ターンテイキング」「重要な情報のハイライトの仕方」「間の取り方」「相づち」「言い換え」の5つですが、これらは主にコミュニケーションの挫折の回避や談話の円滑な展開に資するものであって、語用論的な面は非常に限られていると言えます。ACTFLがこうした要素を語用論的能力の中身と考えているのであれば、話し手の意図と形式のマッピング、ポライトネス (相手への配慮) の伝達、間接発話行為や含意の解釈といった談話の語用論的な特徴はほとんど含まれていないと言えそうです。

では、ACTFL-OPIでは、こうした要素を⑤語用論的能力ではなく、④社会言語学的能力の中に位置づけているのでしょうか。評価基準の④社会言語学的能力は、「話していることがその地域における、与えられた状況にふさわしいかどうか、という社会文化上の規則を守る能力」と定義されています。これが具体的にどのようなことができることを指しているのかの記述が『マニュアル』にはないため、ここでも牧野 (2001) の解釈を参考に見てみることにします (表2)。

牧野 (2001) を見るかぎり、状況に適切に話すための日本の社会文化的規則を守れる能力とは、具体的には「状況によって常体／敬体を使い分けられること」と、「敬語や慣用的な待遇表現が使えること」を指すようです。日本語では、敬体で話したり、尊敬語や謙譲語を使うことによって、相手への

表2　社会言語学的能力の評価基準

超級	くだけた表現もかしこまった敬語もできる。
上級	主なスピーチレベルが使える。敬語は部分的コントロールだけ。
中級	常体か敬体のどちらかが駆使できる。
初級	暗記した待遇表現だけができる。

(牧野, 2001, p. 19, 抜粋)

敬意を表すことができますし、反対に敬語を使わずに常体で話すことによって相手を対等または目下として扱っていることを伝えることもできるので、その意味ではこれらの要素を正しく使えているのであれば、状況や相手との関係に沿った言い方ができていると判断できるでしょう。しかし、そのようなスピーチレベルや敬語の社会的な期待に沿った使い分けは、実はポライトネスの一側面でしかありません。第2.3節で説明したように、ポライトネスはコミュニケーションにおいて相手との円満な関係を構築、維持するための社会的言語行動全般を指しますが、そうした行動には「社会文化上の規則を守る」といった「わきまえ (discernment)」(井出, 2006) の側面だけではなく、話し手自身の「意志による働きかけ (volition)」の側面もあります。(有名なBrown & Levinson (1987) のポライトネス理論は、むしろこの「働きかけ」の側面しか考慮していないという批判を浴びているくらいです。)しかしながら、「社会文化上の規則を守る能力」という表記からは、「わきまえ」として社会から期待されたとおりの使い分けができることしか念頭に置かれていないように思えてなりません。

4.2　スピーチレベル・シフトが伝えるもの

スピーチレベル (常体／敬体の使い分け) は場面のフォーマル度や話し手と聞き手の関係によって固定的に決まるものと考えられがちですが、実はそうではありません。私たちの普段の会話では、基本的スピーチレベル (三牧, 2013) が決まったあとにも「戦略的な逸脱」とでもいうべき現象がよく見られます。次の会話は、TVドラマ『ビューティフルライフ』(北川悦吏子 [脚本]、

2000年) からの引用ですが、恋人同士である柊二 (S) と杏子 (K) のスピーチレベルに注目すると、基本的スピーチレベルである常体から敬体への一時的なシフトが起こり、再びすぐに常体に戻っていることがわかります。(……はポーズ、＿＿は敬体使用箇所を示します。)

(1)　01S：……。どうだった？　西海岸。
　　　02K：普通かな……。
　　　03S：普通……
　　　04K：(沈黙)
　　　05S：あっそ。普通……
　　　06K：(沈黙)
　　　07S：ジャケットもクリーニング済みで送られてきたよ。
　　　08K：ごめんなさいね。長い間借りたままで。
　　　09S：誰に向かって喋ってんだよ。
　　　10K：え？
　　　11S：その他人行儀は。
　　　12K：(沈黙)
　　　13S：(沈黙)
　　　14K：だって、他人じゃん。
　　　15S：……そうですか。他人ですか。
　　　16K：(沈黙)
　　　17S：……わかりました。
　　　18K：待ってよ。
　　　19S：(沈黙)
　　　20K：カップ……カップ下げてよ。セルフサービスなんだから。
　　　21S：……あんたさ。
　　　22K：(沈黙)
　　　23S：旅行行くなら行くって言えよ。

(高木, 2008, p. 227)

Kはそれまで常体で話していたのに、突然08行で「ごめんなさいね。長い間借りたままで。」と敬体を使って謝罪をしています。こうした改まった謝罪表現は「日本文化におけるウチ-ソト-ヨソのレベルで言えば、ソトまたはヨソの相手に対して使われるもの」(高木, 2008, p. 228)であり、ウチの関係である恋人に対して使うのは本来不適切です。しかし、2人が仲違い中であるという状況下では、Kのスピーチレベル・シフトはSをウチではなく、ソトまたはヨソの相手として扱うことによって「Sとの間に心的距離がある」ことを表す効果を持つことになります。

　一方、Sのほうも、14行でKに「だって、他人じゃん。」と言われたのに対して、15行で「……そうですか。他人ですか。」、続いて17行で「……わかりました。」と一時的に敬体にシフトしています。これは、「誰に向かって喋ってんだよ。」(09行)や「旅行行くなら行くって言えよ。」(23行)のようなその前後でのSの男性的な荒々しい話し方と比べて強いコントラストを示していますが、このようなドラスティックな変化によって、同様の口調のままで怒鳴るよりもより効果的に、Kに他人扱いされたことに対する憤慨の気持ちが伝わるわけです。

　スピーチレベル・シフトは初対面の相手同士の会話でも頻繁に起こります。この場合は、先ほどの例とは反対に敬体から常体へのシフトになるのが普通です。これは、「とりあえず安全な(丁寧な)基本的スピーチレベルを仮の基本的スピーチレベルとして設定しておき、なるべく早期に話し手と相手との社会的人間関係(年齢や社会的立場の上下関係)を明確化し、本来の基本的スピーチレベルを設定する」(三牧, 2013, p. 87)過程で、スピーチレベルの調整として生じるからです。次の、理工系学部(S)と人文系学部(U)の同学年の女子大学生同士の初対面時の会話を見てください。(＿＿は常体使用箇所を示します。)

(2) 　173S：でもやっぱりうちの学部でも、もうぜんぜん関係ない人多いですよ。
　　　174U：あそうなんですか。
　　　175S：もう募集とかも、銀行がほとんどなんですよ。

176U: 銀行？　へー
177S: そうですね。
178U: 文系就職みたいですね。
179S: そうですね。
180S: でも中に入ると結局何やってるんでしょう、
181U: うん
182S: コンピュータとかやってるのかもしれない。
183U: あーそっか、ふーん
184S: なんか、あのー、ダイレクトメール来るじゃないですか、
185U: あーはいはい
186S: もう銀行ばっかりですよ、なぜか。{笑い}
187U: あそうなんですか？

(三牧, 2013, p. 119, 一部改変)

　この会話では、SとUは初対面のソトの人間関係にふさわしい基本的スピーチレベルとして距離を保持した敬体を選択しています。これは社会的に同等のソトの相手には敬体を使うという社会文化上の規則を守る「わきまえ」に基づいています。しかし、敬体によって一貫して距離を保持すると和やかなコミュニケーションが実現しにくいため、同学年である仲間意識と親しさも表示するために、176行、181行〜183行では「働きかけ」として常体へのスピーチレベル・シフトを行っているわけです (三牧, 2013)。

　このように「働きかけ」としてのスピーチレベル・シフトを自在に使いこなすことは母語話者でない場合には超級話者であっても難しいのかもしれませんが、少なくとも聞き手として相手がなぜスピーチレベル・シフトをしたのかその理由を理解できることは必要でしょう。ボイクマン (2009) は、会話の「聞いて話す」プロフィシェンシーに関する論考の中で、「会話における『聞く』能力とは、話された情報内容を正確に理解できることに加え、語用論的な意味や話し手の感情・意図が適切に推測できることである。」(2009, p. 207, 下線筆者) と述べていますが、相手の感情や意図はスピーチレベル・シフトのような談話要素からも読み取ることができるのです。これを相互行

為の社会言語学の視点で説明すると、スピーチレベル・シフトをコンテクスト化の手がかりにしながら発話状況や進行中の発話の意味を解釈しているということになります。

4.3 「流暢さ」は「正確さ」の一要素なのか

最後に、⑥流暢さについて考えます。ACTFL-OPIでは、流暢さは「メッセージを伝える速度とその首尾一貫性」(牧野, 2001, p. 23) と定義されています。後半部分の「(メッセージの) 首尾一貫性」は談話文法能力に還元できる (牧野, 2001) ので、Bachman & Palmer (1996) の言う「テキスト能力」の領域に含まれるものと見なすことができます。

問題は前半部分です。「メッセージの伝達速度」という概念は、コミュニケーション能力のモデルでは構成要素として考えられていないのです。これは「能力とは知識である」ことから考えれば当然の帰結です。伝達速度としての流暢さ自体は「知識」ではなく、他のさまざまな知識を「コミュニケーションに齟齬を来さない程度の速度で」処理できる力だからです。したがって、前出の坂本 (2009) のプロフィシェンシーの定義に流暢さも反映させると以下のようになるのではないかと思います。

　　　(さまざまな知識を有することを前提として、その) 知識を正しく、
　　適切に、一貫性を持って、<u>コミュニケーションに齟齬を来さない程</u>
　　<u>度の速度で</u>、理解、産出の両面で処理する能力の程度

このように考えると、⑥流暢さは「正確さ」の他の5つの項目と比べて、明らかに異質であることに気がつきます。それは、①文法、②語彙、③発音、④社会言語学的能力、⑤語用論的能力のすべての項目が「知識」であるのに対して、⑥流暢さだけがそうした知識の総合的な処理能力を反映したものだからです。牧野 (1991) は、「流暢さは基準の柱からはずした方が正確さの柱がずっとすっきりするように思う」(牧野, 1991, p. 24) と述べていますが、このようにコミュニケーション能力の構成要素の視点で考えるとその理由は明らかです。

4.4 「流暢でないこと」が伝えるもの

　ACTFL-OPIの⑥流暢さの定義の前半は「メッセージを伝える速度」となっていますが、この「速度」をどのように捉えるのかも大切です。一般的には「流暢に話すとは、淀みなくスラスラと流れるように話すこと」と理解されているのではないかと思いますが、表3を見るかぎり、牧野（2001）も同じように解釈しているように見えます。

表3　流暢さの評価基準

超級	会話全体が滑らか。
上級	ときどきつかえることはあるが、一人でどんどん話せる。
中級	つかえることが多いし、一人で話しつづけることは難しい。
初級	流暢さはない。

(牧野, 2001, p. 19, 抜粋)

　ここでは「つかえない」「どんどん話せる」「滑らか」といったことが流暢さの特徴だと考えられています。その背後にはフィラーや言い淀みなどは意味のないもの、コミュニケーションを阻害するもの、あるいはプロフィシェンシーの欠如を示すものという考え方があるのかもしれません。

　確かに、次の会話例のD（交換留学で来日した高校生、家族が住むアデレードについて説明している）のようなケースでは、フィラーや言い淀みの多用のせいで中級の流暢さの基準さえ満たしていないことを示しているように見えます。（___はフィラーを示します。）

(3)　15Y：もう少し詳しく教えてもらえますか？
　　　16D：<u>えー</u>、く、
　　　17Y：詳しく。
　　　18D：詳しく、わかりません。
　　　19Y：もう少し、静かのほかに。

20D：ああ、そうそうそう。えー、たくさんの、しょう、何ていう、しょう、churches、チャー、あー、日本語ではわかりません、えー(笑)

(山根, 2008, p. 137, 抜粋)

　Dは、相手の発話中の「詳しく」という語の意味がわからないために(16行)、また英語の"church"に当たる日本語がわからないので、それ以上説明できないことを伝えるために(20行)、「えー」と言い淀んでいます。したがって、これらのフィラーを単なる言語能力の不足の印だと解釈し、流暢さに欠けると評価を下すことが多いかもしれません。しかし、談話の円滑な展開という観点からは、16行や20行の最後でDが発している「えー」は、単にことばにつまっているのではなく、話者交替を促すための相手への「働きかけ」と見ることもできます(山根, 2008)。そのように考えると、言い淀みなどによる流暢さの欠如をもって安易にプロフィシェンシーが低いと評価することの危険性が見えてきます。

　この主張の是非は、母語話者のケースと比べてみることによってより鮮明になります。実は、流暢さを犠牲にすることで生じる「働きかけ」は、母語話者の会話でも頻繁に見られる現象なのです。雑誌の出版社の編集長(31歳, 女性)が日本語教師養成通信講座の現状と今後の方針について話している次の例を見てください。(＿＿はフィラーを示します。)

(4)　01：養成講座、まあ、なかなか成り立っていかない、
　　　02：その、経営的に厳しい状況だとゆうことーですね。
　　　03：で、来年の春から、まあ、
　　　04：たとえば、「日米」(筆者注：別の出版社名)が、
　　　05：その、とりやめるかってゆう話がきてますので、
　　　06：こう、どうもこう、ただ、やはり、あのー、
　　　07：まあ、たとえば、勢いとしては、ちょっといま下がってる状況ですね。
　　　08：ただ、やはり、あのー、まあ、その、
　　　09：養成講座ってゆうのはまあ、

10：日本語教育ー、のま<u>あ</u>、業界の中で、
11：やっぱりうちとして、<u>こう</u>、
12：一緒に盛り上げていかなくちゃいけない
13：とゆうふうに思いますので。

(神田, 2008, p. 74)

　この例では、話し手は非常に多くのフィラーを使っており、「会話全体が滑らか」という超級の基準に照らせばけっして「流暢」だとは言えないでしょう。特に06行と08行ではフィラーを続けて発しているだけで実質的な発話はまったくしていません。しかし、この話し手は日本語の母語話者ですから、伝えにくいこと（経営的に困難な状況の中でも養成講座を続けていきたいという主張）を伝えるのに、躊躇を示したり、主張を和らげる目的で言い淀みが生じたと解釈され、流暢さに欠けるという判定は下されないでしょう。ところが、もしも同じような発話を学習者がした場合にはどうでしょうか。言語的な不備によるものか、ストラテジー的な働きかけなのかの判断が難しいケースも出てくるかもしれません。このように考えると、「メッセージの伝達速度」を評価する際には、「滑らか」「つかえない」という側面だけでなく、より多様な観点から柔軟に判断する必要があると言えるでしょう。

4.5　対人関係配慮の戦略としての「非流暢さ」

　こうした「流暢さに欠ける」話し方は、相手の意見に反対したり、依頼や誘いを断ったりするような、相手が聞きたくないことを言う場合にも頻繁に見られます。なぜなら、「流暢でない話し方をすることで遠慮の姿勢を示す」（楾本, 2004, p. 29）ことができるからです。

　次の例は、ロールプレイカードの細部の内容を相談しながら決めている同学年の女性同士の会話です。（_____はフィラーを示します。）

(5)　01A：だから、＊＊さんにー、お世話になったからーーそのお礼としてとか。
　　　02B：<u>あっ、いやあのあのさー</u>、<u>なんか</u>でもさーこれーはー、人が、ロー

　　　　　　ルプレーーーイするのを作るわけじゃん。
　　03A：うん。
　　04B：だからさー、そんなさー、個人的な事情をさ、すんごい入れて
　　　　　　いいのかね。

　　　　　　　　　　　　　　　　　　　　　　　　　(椙本, 2004, p. 28)

　Bは、01行で行われたAの提案に対して02行で否定的な内容を提示することによって反対していますが、その切り出し部分では「あっ」と突然思いついたかのように話しはじめ、「いや」と考え直す素振りをし、「あの」という言い淀みを2回繰り返したうえに「さー」と語末を引き延ばしてためらいを示し、「なんか」という緩衝表現（「ヘッジ」と呼ばれます）でこれからする主張を和らげています。こうした一連の「流暢さを損なう」特徴によって、聞きたくないこと（反対意見）を聞かされる相手の気持ちに対する配慮が示されるわけです。

　上の例は、「目的達成」（反対意見を述べること）よりも「対人関係配慮」（遠慮を示すこと）を優先した談話展開だと言えます。このように談話には「目的達成」を指向する展開パターンと「対人関係配慮」を指向する展開パターン（椙本, 2004）がありますが、これは、談話が持つ2つの機能—情報内容を伝達する「取引的機能（transactional function）」と社会的関係や個人的な態度を表す「相互行為的機能（interactional function）」(Brown & Yule, 1983)—のどちらにより重点を置くかが反映されたものと考えることができます。

　会話分析では、相手の発話に対する返答を、形式上のパターンの違いに基づいて、「優先的応答（preferred response）」と「非優先的応答（dispreferred response）」に区別しています。前者は、相手の発話の後に間を空けず、直接的な表現によって簡潔に実行されるのに対して、後者の場合は、発話の開始が遅れたり、発話中に間延びしたり、間接的表現や緩衝表現が駆使された複雑で長めの発話になるのが特徴です。上の例のように相手の提案に対して反対をしたり、依頼や誘いを断ったりすることは、非優先的応答に分類されます。ポライトネスの観点からすれば、優先的応答と非優先的応答の相違は、後者は前者よりも相手のフェイスを脅かすものであるということになり

ます。そのため、非優先的応答では即座にはっきりと反対したり断るのを避け、返事の核心を遅らせることによって、フェイス侵害の程度を抑えようとするわけです (Cameron, 2001)。

　私たちは、ふだんの会話で常にお互いにとって好ましいことばかり話しているわけではありません。そして、そのような場合には、上述のようなためらいを示す形式的特徴が増えます。そう考えると、談話には「流暢さ」とは相容れないものが本来的に内在しているとも言えそうです。

　このように、学習者の談話中に現れる流暢さを妨げる特徴のすべてが、『マニュアル』の「正確さ」の5項目にあげられた能力(知識)の欠如を示唆するものではありません。中には、談話の円滑な展開を促進するためのコミュニケーション・ストラテジーであったり、対人関係配慮を指向する談話の展開パターンであったりするものもあるかもしれません。実際に、日本語能力の高い学習者ほどヘッジの使用頻度が多く、また対人関係配慮のための使用が多くなるという報告(山川, 2011)がありますが、これなども言語能力が高くなるにしたがってこうした言語的特徴を利用した「働きかけ」ができるようになっていくという証拠でしょう。

　このように一見すると発話の命題内容に何も貢献していないと思われ、「周辺的なもの」と片付けられてしまいがちなこうした要素は、談話の観点から見直してみるとけっして周辺的なものなどではなく、コミュニケーションを成立させるための必然性があるからこそ表れるのだということがわかります。コンテクスト化の手がかりは、聞き手に対して自分のメッセージをどのように解釈してもらいたいかを伝える効果的な手段です。こうした一見無駄にも見える談話要素をコンテクスト化の手がかりとして戦略的に使用(産出)したり、適切に解釈(受容)できることも、プロフィシェンシーの定義における「何ができるか」に含まれると考えるべきなのです。

❺ ACTFL-OPIの評価基準の問題点と解決策

　ここまでACTFL-OPIの4つの領域の中の「正確さ」を中心に論じてきました。そして、その中の④社会言語学的能力、⑤語用論的能力に関する評価

基準では、コミュニケーション能力のモデル (Backman & Palmer, 1996) が想定する「語用論的能力（発語内能力＋社会言語学的能力）」を正確に評価することができない可能性があることを示しました。しかし、「正確さ」以外の領域に目を向けると、発語内能力は「総合的タスク／機能」で、社会言語学的能力は「場面と話題」でカバーしている可能性も考えられます。そこで、これらの領域についても、『マニュアル』のレベル別の評価基準を見ておきます（表4、表5）。

まず、「総合的タスク／機能」ですが、表4を見るかぎりでは、ここで想定されている機能は主に「取引的機能」（情報の伝達）であり、ポライトネスを背景とした「相互行為的機能」（対人関係への配慮）は軽視されているように見えます。また、「場面と話題」も、表5で「フォーマル／インフォーマル」な場面、「日常的・身近な／一般的な／専門領域に関する」話題という言葉が使われているように、場面の堅苦しさの度合いや話の内容の卑近さ・高度さといった点に焦点が置かれているようです。

表4　ACTFLの「総合的タスク／機能」の評価基準

超級	いろいろな話題について広範囲に議論したり、意見を裏付けたり、仮説を立てたり、言語的に不馴れな状況に対応したりすることができる。
上級	主な時制の枠組みの中で、叙述したり、描写したりすることができ、予期していなかった複雑な状況に効果的に対応できる。
中級	自分なりに文を作ることができ、簡単な質問をしたり相手の質問に答えたりすることによって、簡単な会話なら自分で始め、続け、終わらせることができる。
初級	丸暗記した型通りの表現や単語の羅列、句を使って、最小限のコミュニケーションをする。

（『ACTFL-OPI試験官養成用マニュアル』, 1999, p. 32）

表5　ACTFLの「場面と話題」の評価基準

超級	場面：	ほとんどのフォーマル／インフォーマルな場面
	話題：	広範囲にわたる一般的興味に関する話題、およびいくつかの特別な関心事や専門領域に関する話題
上級	場面：	ほとんどのインフォーマルな場面といくつかのフォーマルな場面
	話題：	個人的・一般的な興味に関する話題
中級	場面：	いくつかのインフォーマルな場面と、事務的・業務的な場面の一部
	話題：	日常的な活動や自分の身の回りの事柄に関連した、予想可能で、かつ身近な話題
初級	場面：	最もありふれたインフォーマルな場面
	話題：	日常生活における、最もありふれた事柄

(『ACTFL-OPI試験官養成用マニュアル』, 1999, p. 34)

　このように広く4つの領域に答えを求めても、果たしてACTFL-OPIによって談話の文脈的な適切さ、円滑な発話行為の遂行を支える語用論的能力を測定できるのか(あるいは、しているのか)がはっきりしません。その理由を整理すると、以下の2点に還元できそうです。

① ACTFL-OPIの語用論的能力、社会言語学的能力の捉え方が、コミュニケーション能力の構成要素としての「語用論的能力(発語内能力＋社会言語学的能力)」と一致していない。

② ACTFL-OPIの評価基準では、語用論的能力、社会言語学的能力の要素が「正確さ」、「総合的タスク／機能」、「場面と話題」に広く散らばっており、全体像がつかみにくい。

　この問題に対する解決策としての私の提案は、以下のとおりです。

① 語用論的能力と社会言語学的能力の評価基準を、言語使用の目的達成的側面(取引的機能)と対人配慮的側面(相互行為的機能)の両方を十分考慮に入れた記述に変更する。

② 語用論的能力と社会言語学的能力を「正確さ」から外し、語用論的能力を「機能」と関連させて、社会言語学的能力を「場面」と関連させて取り扱う。

こうした提案は、けっして奇をてらったものではありません。鎌田 (2009) も、ACTFL-OPIのプロフィシェンシー規定の問題点について、同様の指摘をしています。

> 「機能・タスク」の遂行能力、「場面・内容」の処理能力、そして「正確さ」生成能力の3つの要素の区別が曖昧である。とりわけ、「社会言語学的能力」「語用論的能力」は「文法」「発音」などの要素とは区別して扱い、むしろ、「場面処理」「機能遂行」に関わるものとすべきであろう。
>
> (鎌田, 2009, p. 17)

❻ おわりに

本章では、談話に関わるコミュニケーション能力とプロフィシェンシーの関係を整理したうえで、談話に対する2つのアプローチ(語用論と相互行為の社会言語学)の知見を活用し、ACTFL-OPIが想定する語用論的能力や社会言語学的能力の概念が現実のこうした能力を十分に反映していない可能性があることを指摘しました。また、その過程で、流暢さを妨げるものとして否定的な評価を受けがちな、スピーチレベル・シフトやフィラー、言い淀みのような談話要素が、語用論的・社会言語学的にはプロフィシェンシーにとって重要な要素であること、そしてこうした特徴が「コンテクスト化の手がかり」として戦略的に活用されている可能性があることも指摘しました。

ACTFL-OPIは、「現実生活場面において日本語を使って何ができるか」を測定するテストです。しかし、「何ができるか」ということを「何を知っているか」との対比だけで考えてしまうと、「課題達成能力」を測定することばかりが強調されてしまう恐れがあります。その結果、コミュニケーションの「情報伝達」の側面（取引的機能）が過度に重視され、「対人関係配慮」の側面（相互行為的機能）が軽視されてしまいかねません。そして、残念ながらACTFL-OPIの評価基準にはこの傾向があるように思えます。「何ができるか」を測定する際には、「効果的にできるか」だけではなく「円滑にできるか」という評価の視点も欠かせません。「正確さや流暢さだけではなく、むしろ<u>その場面・文脈・人間関係においていかに適切に</u>『日本語を使って○○ができるか』が重要」(嶋田、2008, p. 11, 下線筆者) だということです。

ACTFLは2012年にマニュアルの改訂を行っていますが、その最新のマニュアルには「正確さ」について以下のような記述が追加されています。

> Accuracy refers to the comprehensibility, precision, and acceptability of the message conveyed.（正確さとは、伝達されるメッセージのわかりやすさ、精度、容認性を指す。）
> （『ACTFL Oral Proficiency Interview Tester Training Manual 2012』, p. 13, 筆者訳）

この記述から、ACTFLが「正確さ」とは文法的な精度だけでなく、メッセージ自体のわかりやすさや容認性も含む概念だと考えていることが明らかになりました。ここで言う「わかりやすさ」が字義的な意味だけでなく語用論的な意味のわかりやすさまで射程に入れており、また「容認性」が対人関係への配慮も含んだ発話の容認性を想定したものであるならば、筆者や鎌田(2009)の主張とは反対に、ACTFLはあくまで「正確さ」の範囲内でコミュニケーション能力の要素としての語用論的能力に相当するものを測るべきだと考えているのかもしれません。しかし、そうであるなら、「正確さ」の各項目の内容をより具体的に記述することによって、本章で論じてきたような点が評価の対象に含まれることを明示する必要があるでしょう。

第3.1節でも触れたように、ACTFL-OPIは本来はコミュニケーション能力を測定するためのテストではなく、機能やタスクの遂行能力を総合的に測るために開発されたテストです。しかし、たとえそうだとしても、評価項目を細かく分けているかぎりは、それらの基準がプロフィシェンシー（処理力）だけでなく、処理する対象である各能力（知識）を的確に判定するものであることを示す努力が必要なのではないでしょうか。

　ACTFL-OPIを日本に紹介した立役者である牧野は、「第二言語習得理論は日進月歩しているのですから、その知見によって外国語能力測定の基礎になるガイドラインは修正を絶えず求められます。完成することのないプロセスなのです。」（牧野, 2008, p. 36）と述べています。そのプロセスの一環として、本章がACTFL-OPIに携わる人たちの間で評価基準に関する新たな議論が始まるきっかけになればと思います。

参考文献
ACTFL (1999).『ACTFL-OPI試験官養成用マニュアル（1999年改訂版）』アルク.
井出祥子 (2006).『わきまえの語用論』大修館書店.
鎌田修 (2009).「ACTFL-OPIにおける"プロフィシェンシー"」鎌田修・堤良一・山内博之 (編)『プロフィシェンシーと日本語教育』pp. 3-20. ひつじ書房.
神田靖 (2008).「垣根表現」林宅男 (編)『談話分析のアプローチ―理論と実践―』pp. 72-76. 研究社.
坂本正 (2009).「第二言語習得研究からの視点」鎌田修・堤良一・山内博之 (編)『プロフィシェンシーと日本語教育』pp. 21-32. ひつじ書房.
嶋田和子 (2008).「なぜ今プロフィシェンシーを考えるのか―教育現場の視点から―」鎌田修・嶋田和子・迫田久美子 (編)『プロフィシェンシーを育てる―真の日本語能力を目指して―』pp. 2-17. 凡人社.
清水崇文 (2009).『中間言語語用論概論―第二言語学習者の語用論的能力の使用・習得・教育―』スリーエーネットワーク.
椙本総子 (2004).「提案に対する反対の伝え方―親しい友人同士の会話データをもとにして―」『日本語学』23(8), pp. 22-33. 明治書院.
高木佐知子 (2008).「フレーム」林宅男 (編)『談話分析のアプローチ―理論と実践―』

pp. 222-225. 研究社.
西尾実・岩淵悦太郎・水谷静夫 (編) (2009).『岩波国語辞典　第7版』岩波書店.
橋内武 (1999).『ディスコース—談話の織りなす世界—』くろしお出版.
ボイクマン総子 (2009).「「聞いて話す」プロフィシェンシーとその養成のための教室活動」鎌田修・堤良一・山内博之 (編)『プロフィシェンシーと日本語教育』pp. 189-219. ひつじ書房.
牧野成一 (1991).「ACTFLの外国語能力基準およびそれに基づく会話能力テストの理念と問題」『日本語教育論集　世界の日本語教育』1, pp. 15-32. 国際交流基金.
牧野成一 (2001).「第1章　理論編　OPIの理論と日本語教育」『ACTFL-OPI入門—日本語学習者の「話す力」を客観的に測る—』pp. 18-39. アルク.
牧野成一 (2008).「OPI、米国スタンダード、CEFRとプロフィシェンシー」鎌田修・嶋田和子・迫田久美子 (編)『プロフィシェンシーを育てる—真の日本語能力を目指して—』pp. 18-39. 凡人社.
三牧陽子 (2013).『ポライトネスの談話分析—初対面コミュニケーションの姿と仕組み—』くろしお出版.
山川史 (2011).「学習者のヘッジ使用—OPIにおけるレベル別会話分析—」『日本語教育研究』57, pp. 124-142. 長沼スクール.
山根智恵 (2008).「言い淀み」林宅男 (編)『談話分析のアプローチ—理論と実践—』pp. 135-138. 研究社.
ACTFL (2012). *ACTFL Oral Proficiency Interview Tester Training Manual 2012.* Alexandria, VA: ACTFL.
Bachman, L. F. & Palmer, A. S. (1996). *Language testing in practice: Designing and developing useful language tests.* Oxford: Oxford University Press.
Brown, G. & Yule, G. (1983). *Discourse analysis.* Cambridge: Cambridge University Press.
Brown, P. & Levinson, S. C. (1987). *Politeness: Some universals in language usage.* Cambridge: Cambridge University Press.
Cameron, D. (2001). *Working with spoken discourse.* Thousand Oaks, CA: Sage.
Canale, M. (1983). From communicative competence to communicative language pedagogy. In J. C. Richards & R. W. Schmidt (Eds.), *Language and communication* (pp. 2-27). London: Longman.
Canale, M. & Swain, M. (1980). Theoretical bases of communicative approaches to second language teaching and testing. *Applied Linguistics, 1,* 1-47.
Corder, P. (1983). Strategies of communication. In C. Færch & G. Kasper (Eds.), *Strat-

egies in interlanguage communication (pp. 15-19). London: Longman.

Grice, P. (1975). Logic and conversation. In P. Cole & J. L. Morgan (Eds.), *Syntax and semantics 3, Speech acts* (pp. 41-58). New York: Academic Press.

Gumperz, J. J. (1982). *Discourse strategies.* Cambridge: Cambridge University Press.

McCarthy, M. (1991). *Discourse analysis for language teachers.* Cambridge: Cambridge University Press.

Schiffrin, D. (1994). *Approaches to discourse.* Oxford: Blackwell.

Tarone, E. (1983). Some thoughts on the notion of "communication strategy". In C. Færch & G. Kasper (Eds.), *Strategies in interlanguage communication* (pp. 61-74). London: Longman.

Taylor, D. S. (1988). The meaning and use of the term "competence" in linguistics and applied linguistics. *Applied Linguistics, 9*(2), 148-168.

第1部　新たな談話観

第2部　新たな談話観に基づく研究

第3部　新たな談話観と教育現場

鼎談　「談話とコミュニケーション」

第2部
新たな談話観に基づく研究

4 「そんな感じ」はブレイクダウンか？
—そもそも「ブレイクダウン」って何？—

堤 良一

❶ はじめに

　この章では、「そんな感じ」という形式を細かく観察して、「ブレイクダウン」とは何か、ということを考えてみたいと思います。

　まず、ソンナという指示連体詞の中でも、「そんな感じ」という形式をあげる理由は、この形式が、これまでの研究で言われてこなかったような、大きな談話をひとまとめにするような役割を果たすこと、そして、非母語話者、母語話者双方に、この用法が頻繁に使用されることを明らかにしたいと考えるからです。非母語話者のデータを観察すると、ソンナの次に来る名詞で最も多いのは「こと」であり、次が「感じ」です。「そんなこと」などの前文の要素を受ける用法については堤 (2013b) およびそこにあがっている参考文献を参照してください。

　ブレイクダウン (言語的挫折) は、OPI (Oral Proficiency Interview) においては、ある非母語話者 (以下、特に注記しない場合は単に「話者」と表記します) がそのレベルより下位のレベルに属することを明示する証拠であるとされます。例えば、上級話者は「説明」ができなければならないとされますが、仮にある話者が「説明」というタスクにおいてブレイクダウンを起こしたとすれば、その話者は上級のタスクをこなせなかったと見なされ、上級とは判定されなくなります (OPIでは複数のタスクを繰り返し調べるために、一度のブレイクダウンによって判定することはせず、総合的な判断を行いますが、いずれにしてもブレイクダウンは、OPIの判定を下げる、強力な証拠と考えられています)。

　ところで、何をもってブレイクダウンとするかは微妙な問題です。例えば、次の発話は中級–中と判定されたものですが、「台湾の受験制度について説明する」というタスクをこなせていると言えるでしょうか。

(1) T：あ〈です〉そうですよねで大学生台湾の大学に入るときの〈はい〉

なんていう制度受験制度〈はい〉というのはあのどういうものな
んですか教えてもらってもいいですか

I：{息を吸う音}んー高校生〈はい〉みんなは高校生卒業〈はい〉、
して、んー、なんか能力試験みたいの、試験、して〈はい〉、{息
を吸う音}んーとー好きな一学科選び、はい、でもだいだい［だ
いたい］みんなー例えば日本語がっ、かー［学科］にはい、入り
たいひとー［人］が、んー、{息を吸う音}日本語能力がない{笑}
かもしれない、はい、なので{笑}〈はい〉、{息を吸う音}えっ
とんー、だいがぐせい［大学生］え専門かっかー［学科］けど、んー、
{息を吸う音}外国語の能力もあまり{笑}、ないん、です〈はい〉、
はい、だいだい［だいたい］そんな感じ

T：あー、でそれをじゃ試験する、試験にパスすると大学生になれる
〈はい〉ということですか

I：★06★そうです

T：あーそうなんですね難しい、んですか

(0160.txt (38) [1], 中級 - 中)

「能力試験みたいの」を受験して、「好きな学科」を選ぶ、というところまではかろうじてわかりますが、「日本語学科に入りたい人」は「日本語能力がないかもしれない」と言っています。さらに、「専門学科けど」「外国語の能力もあまりないんです」と続き、そこで説明が終わっています。

OPIという観点から見れば、この発話は「説明」というタスクに失敗したことを示すブレイクダウンと言えるでしょう。一方、この発話を1つの「談話」として見た場合はどうでしょうか。恐らくこの話者は、自分でもうまく「説

---

[1] 本章で扱うデータは国立国語研究所が公開する「日本語学習者会話データベース」と「名大会話コーパス」です。日本語学習者会話データベースは、日本語学習者と日本語母語話者である面接者（インタビュアー（I）・テスター（T））による、1データあたり約30分の会話を集めたものです。会話の文字化データ339件とその音声データ215件を公開しています。名大会話コーパスは、120件合計約100時間の日本語母語話者同士の雑談を文字化した会話データです。データはテキストファイルで公開されており、最初の番号（0160）はファイル番号、次の数字は、ソンナが現れた行の数字です。なお、本章ではデータ番号がdataから始まるものは名大会話コーパスからのデータ、数字から始まるものは日本語学習者会話データベースからのデータです。

明」ができていないことを察し、これ以上説明を続けることは無理、あるいはこのあたりで説明を切り上げたいと思い、「だいたいそんな感じ」と言っていると考えられます。つまり、別の見方をすれば、この話者は「自分が説明をこれ以上続行することは無理だから、この辺で話を切り上げる」というタスクには成功していると考えられないでしょうか。このように考える場合には、「そんな感じ」は「説明をうまくごまかしたり切り上げたりするために、正しく用いられた」と考える必要があります。この章の前半では、「そんな感じ」はまさに、このような使われ方をすることがあることを紹介します[2]。

　もう1つの問題は「ブレイクダウン」という概念そのものについてです。上の例は「説明」というタスクに失敗したと書きましたが、どこがどう失敗したのでしょうか。この問いに答えることはそれほど簡単なことではありません。ブレイクダウンとは一体何なのでしょうか。本章で答えを出すことはできませんが、ブレイクダウン研究の必要性について考えてみたいと思います。

❷「ブレイクダウンのシグナル」としてのソンナ

2.1　ソンナの意味

　堤 (2013a) では、談話という観点から指示詞ソンナについてまとめました。日本語教育の世界では (あるいは日本語文法研究の分野においても)、ソンナについては文と文とをつなぐ結束装置 (庵, 2007) としての用法に注目が集まることが多く、談話全体を受けて、それをまとめる用法に着目した研究というのはあまりないようです。これまでの研究で明らかにされてきたソンナの意味と、この章で論じようとしているソンナの用法を図示すると (2) のようになるでしょう。

---

[2]　本章では「話を切り上げる」タスクと捉えていますが、OPIではこの能力はストラテジー能力と考えられています。ストラテジー能力とは簡単に言うと、「言語的挫折 (ブレイクダウン) を回避するような能力」のことです。知らない単語を別のことばで言い換えたりすることができる能力のことです。これらも「ある単語を別のことばで説明するタスク」として捉えることも可能でしょう。また、本章では「ブレイクダウン」という概念は、さらに詳細な研究が必要だという主張をしますので、これらの能力をタスクという側面から捉えることは、ブレイクダウンという概念を用いずに現象を捉えることができるという利点ももちます。

(2) a. 文と文をつなぐ結束装置としてのソンナ

| 文
いい帽子ですね。 | ＋ | ソンナ文
私もソンナ帽子がほしいなあ。 |

b. 談話を受けるソンナ

```
談話
T：あ、その、【地名C】と、青山と比べて〈えー〉、似てる
  ところと違ってるところ、ちょっと教えてくれますか
I：あーそうすね〈んー〉、似てるところは〈んー〉、やっ
  ぱり青山、といえば〈ん〉、ちょっと静かな町、ってい
  う感じで〈ふーん〉、高級なブランドとかが〈ん〉集め
  てるところで有名じゃないですかね〈ん、んんん〉、で【地
  名C】は〈んー〉、もちろんあのー静かで、高級なとこ
  ろもありますありますけれども〈んー〉、＊まあー、飲
  食店とか〈ふん〉、えっと、飲み屋とかも〈ふん〉いっ
  ぱいありまして〈ふんふんふん〉、ちょっと、わ、分か
  れてるっていうか、
                          (0161.txt (24), 上－上 )
```

＋

```
ソンナ
  そんな感じです〈ふーん〉、はい
                          (0161.txt (24), 上－上 )
```

(3) に日本語のテキストの記述を、(4) に日本語文法研究における代表的な記述を載せておきます。いずれも (2) aの、「文と文をつなぐ結束装置としてのソンナ」の意味に着目した記述です。

(3) 指し示される物事と同じ性質・特徴を持ったXという意味である[3]。(ex.私もこんな犬が飼いたいな。私のクラスにもそんな人がいますよ。)

(金水・木村・田窪, 1989, p. 52)

(4) 「そんなX…」文の基本的な意味機能：
「そんなX」は、先行文脈で述べられたところの性質・特徴を持つ事物Xを表し、その性質・特徴を、何らかのより一般化された概念としてまとめあげる働きをする。指し示された性質・特徴の他に、それと類似の性質・特徴も暗に示されることになる。(以降省略)」

(鈴木, 2006, p. 94)

　鈴木(2006)の「まとめあげ」とは、例えば(2) aにおいて「いい帽子」を受け「そんな帽子」とした場合には、相手がかぶっている帽子に類する帽子すべてを指すようになるということを言っています。この概念を談話にまで拡張すると、(2) bのような用法につながると考えられます。つまり、前文脈で言ったことに加えて、そこで言っていないこともひっくるめて、「なんとなく」ぼんやりと伝えてしまおうとするものです。
　このような「なんとなく」というニュアンスは日常的な談話で多用されています。例えば授業の終わりに先生が「今日はそんなところで」と言ったり、会議の終了を宣言する司会が、「そんな感じであとはよろしく」と言ったりするのは、まさにこの用法であると言えるでしょう。このような場合に用いられるソンナには、要するに「なんとなく」伝えて、あとは聞き手の解釈に任せてしまおうという、話し手の意図があると考えることもできます。
　ここで強調しておきたいことは、このような「なんとなく」のソンナは、前文脈がまとまっていなくても使えてしまうという点です。先ほどの会議の例でいきますと、議論が紛糾して結論は何も見えないという状況でも、時間

---

3) 庵・三枝(2013)でも同様の指摘がなされています。

が来てしまえば、「まあ今日のところはそんな感じで……」などと言って切り上げてしまうこともできるのです。このことをさらに「応用」すれば、話の途中で、自分が何を話しているかわからなくなってしまい、無理矢理話題を変えたい、あるいは、この話はもうやめにしたいというような場合に、「そんな感じで」などとお茶を濁してしまえば、とにもかくにもその話に、ケリをつけることができるというわけです。非母語話者がこれと同じことを、ブレイクダウン時に行っていると考えたのが堤 (2013a) で、そこでは、これを教育の好機と捉えようという提案を行いました。

2.2 ブレイクダウンのシグナル

堤 (2013a) では、「そんな感じ」という発話に注目をすれば、非母語話者のブレイクダウンを見つけやすくなるのではないか、そこから教室内ではその説明をどのようにすればわかりやすくなるかなどを考えさせることができるのではないかと考え、ソンナを「ブレイクダウンのシグナル」であると位置づけました。教室活動においては、「そんな感じ」をそのように捉え、教育の好機としていくというのは意味のあることだと考えられます。

非母語話者のデータを観察してみましょう。「日本語学習者会話データベース」からの (2) bのデータは、うまく説明がされており、自然な流れで「そんな感じ」と言って談話を閉じることに成功していました。一方、次のものはどうでしょうか。

(5) T：どうしてヨーロッパみたいだと思うんですか
 I：あそこの建物はなんが [なんか]、ヨーロッパっぽいの感じで、でー
   ひ、なんが [なんか]、広いの土地とか〈ふーん〉、花畑とか、ん
 T：そのヨーロッパぽい建物っていうのはどんな建物のことを {笑}
   いうんです
 I：きー [木] で造ったの〈木で〉、屋根は、<u>そんな感じで</u>
 T：屋根が、違うんですか日本のと
 I：はい、はい
 T：どういうふうに

```
I：そんな感じ ｛笑｝
T：そんなっていうのは
I：えーと、どんな感じ〈｛笑｝〉、難しいね〈んー、形も〉、かだち［形］
　　がちがいから〈んー〉、ん
```

(0165.txt (126, 130), 中級－上)

(5)はブレイクダウンのお手本のようなものです。「ヨーロッパっぽい」とはどのようなことかと聞かれて「木で造ったの、屋根は、そんな感じで」とごまかそうとしています。しかし、テスターがさらに突き上げて詳しく聞こうとすると、苦し紛れに「そんな感じ」を繰り返しています。話者が「もうこれ以上は話せない（からこの辺で切り上げます）」という宣言として用いた「そんな感じ」をシグナルと捉えて、ここから教育を行っていこうという提案です。

　ところで、これらの話者の「とにかくなんとか談話を終了させた」ということ自体を、1つのタスクとして考えるのであれば、そのタスクを完遂するためにソンナを用いたというパフォーマンスは、OPIや教室の外といったような、その話者の能力が試されるような場面以外では、評価されるべき力なのではないでしょうか。また、もしかすると我々母語話者も、このような「そんな感じ」を使っているのではないでしょうか。我々だって、話がしどろもどろになったり、話しはじめたはいいが、そのことについてあまり詳しくなかったことに話の途中で気づいて、適当にごまかして切り上げたくなったりすることもあります。そのようなとき、我々は「そんな感じ」を使っているのではないでしょうか。次節では、「そんな感じ」がどのように使用されているのか、その使用実態を探ってみましょう。

❸「そんな感じ」の使用実態

3.1　ソンナが受ける文・談話の形

　「そんな感じ」が受ける談話は、まとまっている場合もあればまとまっていない場合もあります。まとまっている場合、というのは、ここではある程

度内容のある談話を続けたあと、直前の文が完全な形で終わり、それを「そんな感じ」で受けるというものであると捉えましょう。「そんな感じ」が指しているものが何であるか、それが直前の談話の中に現れているような場合です。

a.「そんな感じ」が受ける談話がまとまっている場合

> (6) F139： はい。あたしもです。ほんまもんを見てください、ぜひ。朝の連ドラ。＜笑い＞よ、いいこと言ってくれますよ。
> F004： あ、ほんとー。(うん) 響く？(響く) うーん。いいね。
> F139： 何か今のそういう私たちの境遇にいい。(あーほんとー) 主人公も<u>そんな感じ</u>だから。(ほんと) うん、早速見てよ。
> F004： うん、見てみる。
>
> (data014.txt1254)

この例では、「そんな感じ」は主人公の境遇が私たちの境遇と同じような感じであると言っています。直前の文も完全な形で終わっています。次のものも同様であり、「そんな感じ」は家族仲がいいというような感じがすると言っており、直前の文を受けています。

> (7) … (ふーん) ＜間＞うん、いや、結構、ね、なんか、うちもたぶん、(うん) F004ちゃんに話したら、(うん) 家族仲いいって言われると思うの。(うーん) どうも、(うん) どうも<u>そんな感じ</u>がするけど。(うん、うん) うーん、なんでだろうね。
>
> (data052.txt551)

このような、完全な文で終わっていると判断される「そんな感じ」は名大会話コーパスで見られる「そんな感じ」99例中43例であり、決して多くはありません。残りの「そんな感じ」は、文が完全に終わっていない、あるいはソンナが何を指示しているのかはっきりしないなどの不完全なものであると

判断されます。

b.「そんな感じ」が受ける談話が完全ではない場合

(8) F031：家事好きで、(うん) だから、なんか、全然苦にならんくって、(うん) もう、そればっかやってる方がいいって。
F004：へー。うん。でも、Fちゃんってなんか、こう、一つのことを。
F031：そうなんじゃない。きっとこう、ほかに、(うん) 仕事もやってとかより、(うん) きっと、(そうだね) <u>そんな感じ</u>がする。
F004：ふーん。そっか。

(data082.txt601)

この例では、「Fちゃん」について、「仕事をするよりも (家事のほうが得意、好き……)」というような感じがすると言っていますが、カッコで示した部分については、話し手は言っておらず、その解釈を聞き手に任せていて、談話の形としては不完全であると言えるでしょう。次の例 (9) では、「そんな感じ」は何を指しているのか、もはや復元できません。強いて言うなら、前文脈すべてを指しているのですが、なんとなく「そんな感じ」と言っておいて、話を終わらせるために使われているようです。その証拠に、F156は次の発話で「私プリクラどこやったん」と、唐突とも言える話題転換をしています。

(9) F143：はあー、えっ、私、び、美容院6時やよ。
F156：早いねー。
F143：5時起きでー、(うん) 5時半起きで。
F156：ちゃう、私、前日に髪の毛やってもらって、髪のまま寝たんやん。(ああー) すっごい寝づらくってさー。
F143：どうやって寝たん？うつぶせやろ、こうやって。
F156：いや、だけど、最初こうやってやったけど、やっぱつらくってー、もういいやーってごろって普通に寝たよ。(ああー) 直してくれるって言ってたし。

F143：ふーん。ふーん。

F156：そんな感じ。

F143：そうなんだ。そんなこともあるんだ。

F156：私プリクラどこやったん。

(data102.txt982)

このようなデータは、名大会話コーパスの中に他にも見られます。ソンナが何を指しているかわからない、強いて言えば、前文脈すべてをなんとなく指している、けれど、次の文に続けるために指しているわけではありません。さらに、前の文が完全な形で終わっておらず、言いさしたような形で終わっているようなものも見られます。

　このような形の「そんな感じ」は、いわば日本語母語話者による「ブレイクダウンのシグナル」とでも言えるようなものですが、これまでの研究で指摘されたり、論じられたりしてきたことはなかったようです。あと2例ほど、名大会話コーパスからデータを紹介しておきます。

(10) F074：あ、そうじゃなくて、えーと 3か月ごとに進級していくんですよ。

F087：ふーん、え、じゃ、初級を 3か月したら、次は中級っていう感じなんですか。

F074：えーと、うちの学校は、初級 1から中級 4まであるんですけどー、(はい) 初級 1、2でー大体「みんなの日本語」1、2が全部終わる。で、中級に入って、中級が 1、2、3、4まであるんですね。(ふーん) で、それが 3か月ごと、だから、スムーズにいけば、もちろん飛び級する人もいますけど、(ほー) スムーズにいけば、えーと 3か月掛ける、4、(4、6) うん、やっぱり、1年、ん、ん、1年ぐらいはかかりますよね。(そうですね) 中級 1、中級 2、中級 3、中級 4で、うん、ま、2年計画で来てればー (2年計画) そんな感じ、うん。

(data054133)

(11) F106：っていうかね、この、この雑誌自体の乗りがねー、なんとなくそっち系な気がする。なんかさー、みんな口とかあけたりさー、変な顔をしたり。
　　 F150：これさー、Wに似てない？
　　 F106：うん、なんとなくわからんでもない。なんかさー、ほんとにさ、かっこつけてないよねー、この雑誌の (うん) 撮り方。でも、Xのお気に入りの雑誌だっていうのがなんとなく嫌。あ、なんかそんな乗りじゃん。
　　 F150：ああ、そんな感じ。
　　 F106：これこれ、受かるね。こ、これはね。

（data104.txt772）

　これらのデータも「そんな感じ」が何を指しているか、必ずしも明らかではありません。(10) では初級から中級へと進級していく過程を説明していて、大体3ヵ月ごとにクラスが進んでいくということがなんとなくはわかります。なんとなく伝わったと思ったのでしょうか、「2年計画で来てればー」とまで言っておいて、突然「そんな感じ」と終わらせています。(11) では「Xのお気に入りの雑誌だ」というのが「なんとなく嫌」で、「なんかそんな乗りじゃん」という発話に対して、「ああ、そんな感じ」と言っています。次の発話では話題は別のところに移ってしまっています。

　日本語母語話者とて「そんな感じ」を完全な形で使用しているわけではないことを示してきました。まずは、「そんな感じ」はかなりざっくりとした発話を受けても自然に使われる、かなり「器の大きな」表現であるということを理解していただきたいと思います。我々はいつも「正しく話す」ということを意識させられて、「正しく、美しく話す。わかりやすく話す」ということを言われて育ってきていますが、実際にはそのような発話ばかりではなく、また「そんな感じ」のような、ある意味では「めちゃくちゃな」発話を一気にまとめてしまうような表現によって、ずいぶんと助けられているということが言えるのです。

3.2 談話の機能から見た「そんな感じ」

　前節では、前の文脈が (本章で言うところの) 完全な形をしているか、そうでないかに関係なく、「そんな感じ」が使用されることを見てきました。その結果わかったことは、日本語母語話者であっても、「ブレイクダウンのシグナル」のような形の「そんな感じ」を使用しているということでした。

　ところで、「そんな感じ」は、談話の中でどのような働きを担っているでしょうか。今回調査を行った日本語学習者会話データベースで得られた96例、および名大会話コーパスで得られた98例から、「そんな感じ」の主な機能について観察していきましょう。表1は、「そんな感じ」が担う機能について、それぞれのコーパスから何例が当てはまるかについてまとめたものです。なお、日本語学習者会話データベースには、母語話者であるテスター (T) の発話も含まれていますが、この調査では母語話者によるソンナは調査対象に含んでいません。各機能の後ろのアルファベットは、以下の節の番号です。これを見ると、日本語母語話者、非母語話者ともに (e) の前文脈全体をまとめる「まとめあげ」が最も多いことがわかります。これを見ても「そんな感じ」は「まとめあげ」の機能が中心であることが示唆されます。

表1　「そんな感じ」の機能別分布

	日本語学習者会話データベース	名大会話コーパス
相手の言ったことを受ける (a)	4	31
現場の対象を指す (b)	1	1
名詞だけを受ける (c)	1	7
例示 (d)	10	9
まとめあげ (e)	66	45
その他	14	5
計	96	98

a. 相手の言ったことを受ける

「そんな感じ」には大きく分けて相手の発言を受けるものと、自分の発言を受けるものとがあります。相手の発言を受けるものは非母語話者のものには4例、母語話者のものには31例存在します。一見大きな差があるように思えますが、これは非母語話者のデータがOPIという特殊な形式を用いていることから来るものと思われます。OPIではインタビュアーが被験者の発話を多く抽出するためにさまざまな工夫を行います。その結果として、被験者は1人で長く話さなければならなくなります。そのために、自らの発話内容を指すような用法が増えると考えられるのです。

以下、両者から1例ずつデータをあげておきましょう。

(12) (スーパーで試食をすれば、買わなければならないかについて)
  I：なんか、あー、けっこう、逆に、なんか、私から、「けっこう、です」、
    なんか、断る〈はい〉ときもありますけど〈はー〉、日本にいる
    とき〈あ、そうですか〉、なんか、はい、ちょっとそうです｛笑｝
  T：日本だとちょっと〈あー、はい〉、買わなきゃいけないかな〈あー、
    はい、はい〉というあーやっぱりそういうありますね
  I：あ、はい、<u>そんな感じ</u>がちょっとし、しますけど

              (0341.txt (48), 中 − 上)

(13) F004：うん、<u>日本人とコミュニケーションしたっとかっていうのが</u>。
    ＜笑い＞うん。
    (そっかー) <u>日本人とでもコミュニケーションできるんだ</u>とかっ
    ていうのが、＜笑い＞うん、大切かもしれないわね。
  F028：でも、ほんと<u>そんな感じ</u>だよ、何かね。でもおもしろいよ。行っ
    たらね、みんな日本語の名前もらってー。
  F004：えーっ、なんじゃそりゃー。

              (data016.txt628)

b. 現場の対象を指す

　この用法は、現場に存在する事物を指し示す用法です。次の (14) では、F076はF106に化粧を施しているようですが、大体メイクができたということで、「今のような感じで大丈夫です」と伝えています。(15) では、テスターが発音した被験者の名前の発音が、正確ではないけれど大体合っているということを伝えるために、現場でなされた発音そのものを指しています。このような用法が名大会話コーパスに1例、日本語学習者会話データベースに1例ずつ存在します。

(14) F076 : ラメの方が生きるね、F106は。
　　 F106 : うん。すげー。＜間＞
　　 F076 : はい、オッケー。
　　 F106 : すげー。
　　 F076 : <u>そんな感じ</u>じゃないかな。では、髪の毛やるか。どういうふうにする？

(data103.txt2382)

(15) T : 【姓名B】さん〈はい〉、はい呼ぶときは【姓B】さんでいいですか
　　 I : はい、いいです
　　 T : あ、はい
　　 I : まあ、｛笑｝〈｛笑｝〉
　　 T : ちょっと発音が違いますか
　　 I : あ、ちょっと違うんですけどもふちゅう［普通］に<u>そんな感じ</u>で、まあ日本人が話すからまあ〈えー〉、どっちでもいいんだと私は、まあ、わかんないどき［とき］はまあ、ちょっと問題があるかもしれないんですけど〈んー〉、まあ私はわかるから、＊
　　 T : 今2人ですからね

(0039.txt (8), 上－下)

c. 名詞だけを受ける

「そんな感じ」には、名詞だけを受けて「はっきり覚えてはいないけれど」あるいは、「その表現が最適であるかどうかは自信がないけれど」というような意味を表すことがあります。このような例が名大会話コーパスには 7 例見られます。日本語学習者会話データベースには、(17) が 1 例見られますが、「そんな感じ」が受けている「ほうほう過ぎ」という名詞（？）が「過保護と言うのが適切な状況なのか」というように言っているととればこの場合の例と考えられます。

(16) F057：何とかモーナー。（ね。＊＊＊）シェイクスピア、シェイクスピアじゃない？
F093：シェイクスピアか、それ。そうだ。何だったけ？ヴォルデ。
F057：ヴォルデモート？
F001：<u>そんな感じ</u>。

(data086.txt454)

(17) T：まあ日本もですけど、あのー、どんどんあの、医療が発達してますから、韓国、なんかも高齢化社会に〈はい〉、なってきてますよね〈はい〉、だけど子供の数は少ない、んー、子供は必ず、親の、面倒を見なければならない、という、考えが、韓国のかたって強いかなと思うんですけど〈{息を吸う音} はい〉、そのへんどう思われますか
I：んー、んー、{息を吸う音} あー、ちょ、まあ韓国人の親だったら〈ん〉、まあちょっと、確かに自分の子供は〈ん〉、あ、えーと、ほうほう過ぎとか〈ん〉、まあ<u>そんな感じ</u>はある、あります

(0370.txt (134), 上－下)

d. 例示

先行文脈で例をいくつかあげて、「それらと同様の事物や状況」を指し示すような用法です。名大会話コーパスに 9 例、日本語学習者会話データベー

スにも 10 例が見られます。堤 (2013a) では以下のような例を出して、このような場合には、先行する例は 2 つ以上でなければならないと考えました。

(18) A：上海のイメージはどうですか？
B：賑やかで、そして夏は暑い、そんな感じです。

(19) A：上海のイメージはどうですか？
B：?? 夏は暑い、そんな感じです。

(20) A：休みの日は何をしていますか？
B：?? 本を読んだり／?? 読んで、そんな感じでのんびり過ごしています。

(堤, 2013a)

(18) では、「賑やかで、暑い」と、例を 2 つあげて「そんな感じ」と言っていて自然ですが、(19) では「夏は暑い」ということだけを言っており不自然に感じられます。(20) では「読んだり」というように、「読む」以外の活動を暗示させるような表現を使えば「そんな感じ」で受けることができますが、「読んで」というように、他の活動について言及しないような形式を用いると「そんな感じ」では受けにくいでしょう。
　実際のデータでは次のようなものが現れます。

(21) F085：…でも、あのJ先生ってなんか昔から、研究好きだったし、なんかリタイアしてもやることあって楽しく、(うん、ねえ) うん。娘さんたちと楽しく (うん) ってそんな感じはするよね。おいしい。
F138：1つのことにすごく時間がかかるっておっしゃった。
F085：あ、J先生？

(data114.txt576)

この例では「娘さんたちと楽しく」という表現で代表されるような、楽しい人生を(先生は)過ごしているということを言っていますが、例としては1つしかあがっていません。このように、例を1つしかあげずに「そんな感じ」と言う例はこの例だけで、決して一般的な使われ方であるとは言えません。しかし、ソンナが先行文脈から類推されるようなことをまとめあげるという機能を持っているとすると、1つでも例をあげてしまえばそれに類するような属性を引き出してくることは可能なはずで、このような例も「誤用」だとは言い切れなくなります。なお、「とか、みたいな」など、複数の要素を表すような表現をともなう場合は、例が1つであるとは考えません。

e. まとめあげ

「まとめあげ」は、「そんな感じ」の使用の中では日本語母語話者(45例)、非母語話者(66例)ともに最も数の多い用法で、「そんな感じ」(そして、おそらくソンナ自体の)最も基本的な用法であると言ってもよいでしょう。「まとめあげ」は、これまでのもののように何らかの先行詞があって、それを受けて「そんな感じ」と言うものではありません。これらのものは、「先行詞と同じようなもの」を指すような用法ですが、これから紹介する用法は、前文脈で比較的長い発話(多くは説明です)がなされて、それを受けて「そんな感じ」というものです。このような用法には、第3.1節で議論したように、前文脈が比較的完全な形で終わっている場合と、内容や直前の文の形が完全ではなく、半ば強引にまとめたように感じられる場合があります。

このような用法を「まとめあげ」の用法と呼ぶことにすると、「まとめあげ」には、全体をいったんまとめてそれを受けて話を続ける場合と、談話をすべて終わらせてしまって、相手にターンを引き渡したり、会話自体を終わらせたりするような場合とがあります。授業の終わりのころに先生が「はい、じゃあ今日はそんな感じで…」などと言って授業を終わらせるのは後者の用法です。まずは全体をいったんまとめあげる用法から見てみましょう。

(22)は日本語母語話者の発話です。テロが起こって以来、航空便が届かないというような話をしていますが、「そんな感じ」は(掲載している箇所よりもさらに前から続く)前文脈全体を受けて、いったんまとめあげ、さらに

次に続く話題へとつなげています。

(22) F107：じゃ普通のポストカードはたぶんいいと思うんだけど、封筒便はだめ。
　　 F023：うん。そう、そう、そう。小包とか封筒で何か中に入ってる感じのやつはきっとだめだよ。
　　 F128：だよね。今でも遅れてるみたいだけど。
　　 F023：そう。遅れちゃうと思うよ。
　　 F107：私の友達がテロが起こってから私に出してくれたポストカードがもう全然着かんかったもん。着いたって、そ、着いてない。えっ何がだって。
　　 F128：だって止まってた。なんか航空便止まってたんじゃない。
　　 F107：うん。一時止まってたと思う。だからまあ<u>そんな感じ</u>で、すごいそういうところがあったもんで、次はイギリスとか言ってるけど、イギリスじゃないかもしれんしね。ちょっとあのなんていうの。フェイントかもしれんしね。それは。(うん、うん、うん、うん)イギリスになっても困るし。

　　　　　　　　　　　　　　　　　　　　　　(data002.txt243)

(23)は非母語話者の発話ですが、コンビニがどうして日本で人気があるのかというインタビュアーの質問に対して、「便利で、ものが新しく、そして毎週新商品が出る」ということを根拠としてあげ、「若い人たちは、新しいものに」まで言ったところでおもむろに「そんな感じがあるから」と言っています。そして何事もなかったかのように次の説明へと移っています。

(23) T：んー、多いでしょう〈はい〉、ん、あの、コンビニの、品物とかなんかあのー、どうしてコンビニがこんなに〈ん〉、今人気があると思いますか、高いでしょう〈そうですね〉、けっこう、それなのになんで人気があるんでしょうねー
　　 I：たぶん便利〈んー〉、*いうか、便利だし〈ん〉あと、ものが、

新しいというか〈はー、んん〉、＊もきっとスッパー［スーパー］よりは、まスーパーの、が、＊いだとは〈ん〉いえないけどね〈んん〉、なんとか、新しい、と、あと新商品が〈あー〉、いろいろ出ますよね〈はーはーはー〉、はい毎週〈あ〉、まやってますけど〈えー〉毎週新商品がで、出ますね〈あそうなんですか、えー〉、はい、なんか｛笑｝、だから、たぶんそんな理由で〈はい〉なんか若い人たちは〈んー〉、なんか、やっぱり、新しいものに〈えーえー、えー〉、そんな、感じがあるから〈んー〉、好きのもあるし〈ん〉、で普通は、やっぱりぺんり［便利］だから〈はい〉、はい〈はーはー〉、行くとと思います〈あーそうか、んー〉、あと24時間ですから〈んーんー〉、ま夜遅い時間になんか、そこで、本を見たりする人も〈んー〉多いだと聞きましたよ

(0081.txt (56), 上－下)

次に、会話全体を終わらせる用法を見てみましょう。

(24) F152：知らない。よくわかんない。で、学童ってないところもあるしさ。(うんうんうん) 学童保育ってのは。そういうところはもうしょうがない。

F111：うちもそうだよ。2学区一緒みたいな感じで。

F152：うちも3学区一緒かな。でも、学童自体はー、徒歩30秒ぐらいのところにあるんだ。

F111：(＜笑い＞) あ、そうなんだー。

F152：だから、まあいいんだけどさー、それ自体はね。(ふーん) うん。でも何か＊＊＊。＜笑い＞そうそう。(うん) そんな感じ。

F111：なーんか新たな心配事が1つ増えるって感じだよねー。

(data107.txt800)

(25) 013：エコノミーだからさ、倒せんしさ、(うん) もうそれがほんと一番の印象だもん。(ふーん) もうだからね、もう俺アメリカ行け

んなと思ったもん、そのとき。(ほー) アメリカ行くのにこんなにしんどいのと思って。あれはえらかったね。(ふーん) マチュピチュ行って。俺がもうマチュピチュ行けたらほかに別に、いいなとか思ってたぐらいのとこだからさ。(ふーん) エジプトとかピラミッドとか見たいけど。あれってやっぱさ、夢ってかなうと、ちょっとあれだね。(<笑い>) ちょっと俺そんな感じがした、初めて。(うーん) 自分の中ではさ、もう行けんだろうとか思ってたわけだわ。(うん) マチュピチュなんて。

(data116.txt1010)

「まとめあげ」の「そんな感じ」は、それまで話していたことをいったんすべてまとめあげて、別の話題に転換させたり、あるいは話を終わらせたりするような機能を果たします。この場合、前文脈がきれいにまとまったかどうかはもはや問題ではなく、とにもかくにも「まとめあげた」フリをして、「もうこの話は終わり！」というような意図で発話される場合が少なくありません。(25) では「夢ってかなう、ちょっとあれだね。ちょっと俺そんな感じがした」と、「あれ」が何を指すかは明らかにされないまま、談話は進行していきます。「あれ」が何であるかはすべて聞き手に委ねられている、というか、もうこの際、「あれ」は何であっても構わない、とにかく、マチュピチュなんか行けないと思っていたということだけが伝わればそれでいい、というようなニュアンスです。

　このような「まとめあげ」の機能は、うまく使えばどさくさに紛れて話を切り上げたり、うまく話がまとまらなくなって苦し紛れに談話をまとめたりするのに役立ちそうです。そして実際、母語話者がそうであるように、非母語話者もこのような「そんな感じ」の使用をしているのです。次の例は日本語学習者会話データベースのものです。

(26) T ：どんなところが、似てるんですか
　　　 I ：まあ、人々の〈ん〉、んーとかまあ生活に〈ん〉、ま1日を生活するその、その流れの中に〈ん〉、なんか、人々の中で〈ん〉、受け

　　　　る感情とか〈ん〉、まあ、せいかちゅ［生活］、かんしょうとか
　　T：ん、生活のかんしょう
　　I：いやかん、じゃなくてなんというか｛笑｝生活の、んー方法とか
　　　　〈あー〉、なんか、｛息を吸う音｝いや具体的に〈ん〉、話すのはちょっ
　　　　と〈んー〉、むじゅかしい［難しい］んですけれども〈んん〉、いや、
　　　　ほんとうになんとなく〈なんとなく〉、そんな感じを受けました
　　　　　　　　　　　　　　　　　　　　　　　　（0013.txt (34), 上－中）

　自国の出身地と日本の街の違いを聞かれて違いを説明していますが、このような説明はどこまで説明すれば終わりということが見えにくいのか、いくつかの例をあげて説明したうえで、適当なタイミングを見計らって「そんな感じ」と言って談話を終わらせてしまっています。本章の (1) (2) (5) なども同様の例だと考えることができます。

　本節の冒頭でも述べたとおり、この用法が「そんな感じ」の中で最も数が多く、それだけに「そんな感じ」の基本的な用法であると考えられます。「そんな感じ」は、前文脈がまとまっていてもいなくてもよく、むしろまとまっていないことが多い「まとめあげ」の用法が最も多いという事実が、「そんな感じ」に正用がないことを雄弁に語っていると言えるのではないでしょうか。

❹ ブレイクダウン再考

　以上のように、「そんな感じ」でまとめあげられる談話は、潜在的にはどのようなタイプのものでもよく、日本語母語話者の発話でさえかなりいい加減に構成されています。それでも談話は進行してしまいますし、談話は構成されていると言うこともできるでしょう。定延 (2008, 2010) は、言語研究においてはけっして言い間違えない、言い淀まないような理想的な話者を想定しがちであると言っていますが、これまでの議論を見ても、実際には我々はかなり「いい加減に、適当に」話しているのです。だとすると、「ブレイクダウン」とは何なのでしょうか。現行のブレイクダウンという概念は、理

想的な話者を基準にしてはいないでしょうか。本章で明らかになったことを踏まえて考えれば、このような基準を用いないブレイクダウンの研究というものが必要になってくると思われます。しかもこの研究は、可能なかぎり客観性を保った形で提示されなければなりません。

　ブレイクダウン研究の重要性としてもう1つ指摘しておきたいのは、現行のブレイクダウンという概念が、十分に客観的な概念として提示されているわけではないと思われることです。現行のブレイクダウンという考え方の問題点を指摘してみましょう。ここでは特に、上級へのブレイクダウンとされている「段落ができていない」「段落になっていない」ということについて考えていきます。

　そもそも、ブレイクダウンとは何なのでしょうか。牧野他 (2001)、ACTFL-OPI Manualを見ても、「ブレイクダウン」についての定義はないようです。

(27)「日本のアニメが好きだと言いましたね。最近、どんなアニメを見ましたか。そのストーリーを説明してください」といったような、詳しい説明を求める質問をするのです。これは上級のタスクですから、もし被験者が上級でなければいろいろな程度の言語的挫折現象 (linguistic breakdown) を見せるはずです。

(牧野他, 2001, p. 29))

(28) A rating at any major level is determined by identifying the speaker's floor and ceiling. The floor represents the speaker's highest sustained performance across ALL of the criteria of the level all of the time in the Level Checks for that particular level; the ceiling is evidenced by linguistic breakdown when the speaker is attempting to address the tasks presented in the Probes.
(Oral Proficiency Interview Familiarization Manual 2012, pp. 7-8)
訳：主要レベルの判定は、その被験者のフロアと天井 (上限)

を見極めることによってなされます。フロアはその被験者が、ある特定のレベルに対するレベルチェックの間、すべての基準において維持することのできる最高のパフォーマンスのことです。天井は、突き上げの中で、与えられたタスクを遂行しようとする中で生じる、<u>言語的な挫折（ブレイクダウン）</u>によって証拠づけられます。(筆者訳)

　本章の冒頭でも述べたように、「ブレイクダウン」というのはOPIの天井を決定するうえで非常に強力な概念です。しかし、そのブレイクダウンは、はっきりとした定義がなされることなく上のように使われています。これをそのまま解釈すれば、「テスターによって、（非母語話者の発話になれていない母語話者でも）理解可能であると判断されなければブレイクダウン」と言っているようです。ブレイクダウンの問題点をいくつか考えてみましょう。

　まず、OPIの上級へのレイティングでは、「段落で話せているか否か」が判定の基準の1つとなります。段落ができていなければブレイクダウンと見なされ、上級ではないと判定されます。ところが、この「段落」という概念は曖昧で、客観的にここからここまでが段落である、というような定義は、私が見たかぎりではありません。だとすると、「段落ができていなければブレイクダウン」という考え方は、段落が構成されているか否かを客観的な尺度で測ることが（現状では）できない以上、無効であるということになります。

　次に、「理解できない」ということについて考えてみましょう。ある発話を「理解する」のは聞き手の側です。OPIのテスターの場合、理解力に問題があるという場合は考慮しないことにしても、なんらかの意味で完全ではない非母語話者の発話を理解可能ととるかどうかには、個人差があることが予測されます。このことについては、後で私が行った調査を紹介したいと思いますが、ここではOPIテスターについて考えましょう。OPIのレイティングについての研修会ではしばしば、「段落ができていたと判定できるか否か」つまり、その「段落」を「理解できたか否か」をめぐって、テスターの間で判定が割れることがあります。「段落」というものについての理解が十全で

ないうえに、「理解する」という活動が多分に主観的である以上、これは自然な成り行きとも言えます。(だからといって、このような議論が意味がないと言っているわけではありません。これらの作業を通じて、各テスターの判定の揺れを少なくする作業は、特にこのような段階においては必要不可欠であろうと思います)。

さらに、OPIにおけるブレイクダウンという概念は「できた」「できていない」という二値対立を前提としていて、「9割できた」「6割できた」というようなアナログな尺度を採用していません。ですから、「6割できた」というテスターの判断は、「できた」「できていない」のどちらかに収斂されなければなりません。「6割できた」と捉えて「できた」というテスターがいる一方で、「4割できていない」と捉えて「できていない」とするテスターがいることは容易に想像できます。

以上のようなことを考えると、以下のようなことが言えます。

(i) ブレイクダウンの定義自体を考え直す必要があること。
(ii) ブレイクダウンの定義の中に、「理解できる」か否かという尺度は採用しないほうがよいこと。

私は、ブレイクダウンという概念を廃止しようと言っているのではありません。OPIや教室活動においてはブレイクダウンという考え方は極めて有効であると思います。ブレイクダウンをより客観的な基準に基づいて記述することにより、より精密な判定が可能になるのではないかと思います。

また、OPIや教室活動以外での場面においては、ブレイクダウンという概念は有効ではない、あるいは必要ではないかもしれません。OPIは、助け船を出さない、ブレイクダウンを誘うような突き上げを行う等、テストとしての側面を持っています。通常の会話場面では、助け船も出れば、(プロフィシェンシーを確かめるための) 突き上げのようなことも起こらないでしょう。

では、「段落」に代わる、ブレイクダウンを測る要素としては何が考えられるでしょうか。私は「正確さ (accuracy)」が、従来考えられるよりも注目されるべきなのではないかと考えています。というのは、文法的な正確さは、

より客観的に測れるものであり、「段落」を構成する上で（「段落」が規定できるのであれば）必要な条件であると思われるからです。次の例を見てください。

(29) T：お父さんってどんなお父さんイタリア人のお父さんて
  I：イタリア人〈あー〉イタリア〈ん〉、イタリア人〈ん〉、ん、{息を吸う音}なんとゆう{笑}ちょっとー考えかたはー〈ん〉{舌打ち}古いと言えないけどー〈ん〉あんまりーちょっとでんトラディッショナルなんとゆう伝統的な考えかただから〈あーはーはー〉ちょっと私の娘だから〈ん〉、私にとって大切な〈ん〉、人だからあ〈んん〉気をつけてねー{笑}そんな感じみたい
  T：あそうやっぱリイタリア人の古いまあ考えかたっていうかえーそのお父さんのようなえ年の人と〈んー〉今のあなたのようなえーひっと［人］とで考えかたが違うんですか
  I：ん違います

(0244.txt (44), 中ー中)

(30) T：イタリア人のお父さんってどんな感じ？
  I：んー、そうだねー、なんて言うかー、考え方はそんなに古い訳ではないんだけどー、伝統的な考え方っていうのかな、自分の娘だから大切で、気を付けなさいよーって、そんな感じみたい。
  T：そうなんだー、やっぱお父さんのような年の人とあなたのような若者では、考え方とか違う？

　(29)と(30)は、内容は同じですが、(30)のほうは(29)のデータに手を加えて、日本語母語話者っぽくしたものです。このデータの「そんな感じ」を、自然1、どちらかというと自然2、どちらかというと不自然3、不自然4というように点数化して、日本語母語話者（(29)は69名、(30)は71名）に回答してもらったところ、(29)の平均点は2.32であるのに対し、日本語母語話者の発話だとして提示した(30)の平均点は1.95となりました（小数点第3

位以下を切り捨て)。まず、どちらのデータも、判断にばらつきがあります。これは先ほど述べたことで、同じ発話でも理解できるか否かには個人差があることを示しています。そのことに加えてここで重要なことは、日本語母語話者のものであるとして提示したもののほうが「そんな感じ」を自然な使用であると感じる母語話者が多いということです。

　(29) と (30) で変わっているものは 2つあります。1つは文法的な正確さです。「なんという」という不自然なフィラーを、「なんて言うかー」に変えたり、「私の娘」という直接引用 (第3章鎌田稿参照) で話しているのを「自分の娘」のように変えたりしています。このことが、発話の流れをすっきりとさせ、聞き手 (この調査の場合は読み手) の理解を助けたことは十分に考えられます。フィラーなどは、これまでの教育の中で重視されてこなかった要素ではあるけれど、非常に重要な要素であることは本書が繰り返し主張していることですが、聞き手の理解を助けるという意味においても重要な要素であるということになります。いずれにしても、「段落」という概念を用いずに、「正確さ」だけでブレイクダウンを記述できるのであれば、そのようにしたほうがよいと思います。

　いま 1つ、(29) と (30) で変わっているものがあります。それは「その発話を非母語話者がしたか、母語話者がしたか」という点です。この基準も無視できないものです。「母語話者は間違うはずがない」と考えれば上のように母語話者のほうが判定が上がりますし、「非母語話者ならこれくらいのミスはしかたがないか」と考えられれば、非母語話者に対する判定は甘くなります (実際にそのような結果になったデータもありますが、紙幅の関係で割愛します)。OPIのテスターは、このような揺れが生じないように訓練を受けていますので、これについてはあまり考える必要はないかもしれませんが、このような主観的な思い込みがブレイクダウンの判定につきまとう可能性には敏感であるべきでしょう。

　この 2つの要因のうち、「ブレイクダウン」という概念を構成している客観的な要素というのは畢竟、「文法的な正確さ」であるということになります。後者のような主観的な要因については、OPIテスターや教師が日頃の研修や研鑽によって、注意していくしかないでしょう。

❺ おわりに

　本章では、「そんな感じ」を、談話という観点から分析しました。「そんな感じ」は、どのような談話でも寛大に受け止めることができる万能な「ブレイクダウンのシグナル」です。「説明」というタスクはブレイクダウンであっても、「話を切り上げる、まとめる」というタスクはできていると考えるべきです。このような「へたうま」（第1章定延稿参照）を表現するための要素が日本語の中には積極的に用意されていると考えるべきです。「そんな感じ」の他にも指示詞を用いた「そういうわけで」「そんなこんなで」なども同じような働きをするものと考えられます。

　我々は、非母語話者の発話を判定するときに、定延（2008, 2010）などで言われる「理知的な『話し手』」を想定してはいないでしょうか。完全な日本語を駆使し、けっしてミスを犯さない、現実にはいそうもない母語話者（定延, 2010）、その理想の発話をモデルにしてブレイクダウンを判定してはいないでしょうか。本章が明らかにしたことは、母語話者も、かなり「いい加減に」発話をしていること、しどろもどろになってごまかしていること、もういいやと思って、話を切り上げようとしている実態でした。

　さらに「そんな感じ」の考察を通じて、「ブレイクダウン」とは何なのか、ということについても考察しました。「ブレイクダウン」の定義が曖昧であること、今後の研究がまたれること、本章の示唆として、「正確さ」が、いま思われているよりは重要なのではないかということなどを指摘しました。今後、「ブレイクダウン」に関する客観的な尺度を用いた議論が活発になることは、談話とプロフィシェンシーを考えるうえで非常に重要な研究分野となることでしょう。

謝辞
　本章は、2013年6月29日開催の特別シンポジウム「日本語の談話とプロフィシェンシー」で講演した内容を元にしています。当日会場で有益なコメントをくださった方々に感謝申し上げます。また、岡山大学社会文化科学研究科、文学部での受講生、特に内海早苗氏、張平氏、山田みどり氏（文学部3年生）にデータ整理、調査実施などを負っています。ありがとうございました。

付記

　本研究は科学研究費補助金「日本語指示詞の現場指示用法における社会的・地域的変異の研究」基盤研究（C）（25370519）、「日本語の連文における「接続語」の理論的基盤の構築」基盤研究（C）（22520481）、「第二言語ライティングに対する日本語学習者ビリーフ調査、およびライティング教材開発」基盤研究（C）（21520554）の成果の一部である。

参考文献

庵功雄 (2007).『日本語におけるテキストの結束性の研究』くろしお出版.

庵功雄・三枝令子 (2013).『日本語文法演習　まとまりを作る表現—指示詞、接続詞、のだ・わけだ・からだ—』スリーエーネットワーク.

金水敏・木村英樹・田窪行則 (1989).『日本語文法セルフマスターシリーズ 4　指示詞』くろしお出版.

牧野成一・鎌田修・山内博之・齋藤眞理子・荻原稚佳子・伊藤とく美・池﨑美代子・中島和子 (2001).『ACTFL-OPI入門—日本語学習者の「話す力」を客観的に測る—』アルク.

定延利之 (2008).『煩悩の文法—体験を語りたがる人びとの欲望が日本語の文法システムをゆさぶる話—』筑摩書房.

定延利之 (2010).『日本語社会 のぞきキャラくり—顔つき・カラダつき・ことばつき—』三省堂.

鈴木智美 (2006).「「そんなX…」文に見られる感情・評価的意味—話者がとらえる事態の価値・意味と非予測性—」『日本語文法』6(1), pp. 88-105. 日本語文法学会.

堤良一 (2013a).「どの指示詞の使用が学習者にとって困難か？　—理論的記述を場面教育に利用する—」「特別シンポジウム 日本語の談話とプロフィシェンシー」(日本語プロフィシェンシー研究会主催, 於キャンパスプラザ京都) 予稿集, pp.12-17.

堤良一 (2013b).「ソンナNの感情・評価的意味はどのように生じるか」『日本語文法学会第14回大会予稿集』pp. 214-221.

ACTFL Oral Proficiency Interview Familiarization Manual (2012). (http://www.languagetesting.com/wp-content/uploads/2012/07/OPI.FamiliarizationManual.pdf)

コーパス

日本語学習者会話データベース

名大会話コーパス (日本語自然会話書き起こしコーパス)

(以上、ともに　http://www.ninjal.ac.jp/database/)

5 プロフィシェンシーと「ね」「よ」

西郷英樹

❶ はじめに：なぜ「ね」「よ」なのか

　初級日本語の文法項目である「ね」「よ」(以下、ネ、ヨ) の効果的な教え方とはどんなものでしょうか。この質問に自信を持って答えられない、日本語教育の現場に立つ方々も少なくないと思います。日本語を教え始めて20年近くなる筆者もその1人です。しかし、この問題には現場に立つ教師の勉強不足だと簡単に片付けられない要素が多々あると考えます。この問題を解決してくれる満足いく答えがどこを探しても見当たらないのです。そこで、本章前半では日本語教育の観点から、ネ、ヨにどのような問題があるのかを概観し、後半ではこの問題解決の糸口を発話連鎖という考え方に求め、日本語教育のためのネ、ヨの教え方の試案を示したいと思います。これらの議論に進む前に、まずは、日本語教育でネ、ヨを教えることが必要な理由として、以下の3つをあげたいと思います。

　　①発話のやりとりの標識
　　②高い使用頻度
　　③話し手の印象への影響

1.1　発話のやりとりの標識

　会話に現れるネ、ヨが新聞記事や研究論文などには現れないことはよく知られています。例えば、新聞記事に「京都御所の秋の一般公開が31日に始まったヨ。」などと書かれてあることはまずありません。では、ネ、ヨが現れるかどうかを決定している要因は何なのでしょうか。それは、相互作用の有無だと考えます。ここで言う相互作用とは複数の人々がお互いに影響を及ぼし合うという意味です。複数の人々がお互いの発話に影響されながら次の発話を形成していくという点で会話は相互作用性が非常に高いと言えます。

一方、新聞記事などは書き手から不特定多数の読み手への一方的な情報伝達であり、会話のような相互作用性はありません[1]。

次になぜ相互作用性がある会話にネ、ヨが特有に現れるのか考えてみましょう。新聞記事などにはなく、会話にあるものとは何でしょうか。それは、会話を円滑に進めるために、共同で会話を行っている相手へのなんらかのサインだと考えます。その中でも言語的なサインは談話標識（discourse marker）と呼ばれています。談話標識は、80年代後半から幅広く研究されはじめ、非母語話者の使用に関する研究も21世紀に入って見られるようになりました（Buysse, 2012）。本章のテーマでもある、ネ、ヨも談話標識の一種で、発話のやりとりの潤滑油的な役割を果たしていると考えます。ネ、ヨがなければ、または適切に使われなければ、発話のやりとりは、信号がない、または故障した交差点での自動車のようにぎこちないものになる可能性があります。このように考えると、書き手のみで完結する新聞記事など交通整理が不要な言語活動に、ネ、ヨが現れないのも説明がつくのではないでしょうか。

1.2 高い使用頻度

円滑な発話のやりとりに寄与すると考えられるネ、ヨですが、会話に現れる頻度が低ければ、非母語話者が不適切に使用しても、またはまったく使用しなくても、彼らの日本語はさほど不自然には感じないでしょう。しかし、ネ、ヨは私たちが日常的に高い頻度で使用しており、これらなしで自然な会話を続けることは難しいと言われています（大曽, 1986; Cook, 1990）。この指摘が正しいかどうか、(1)の課題を行ってみてください。

(1) 以下の会話は筆者が以前分析した日本語母語話者同士の自然発話データの一部です。まずネ、ヨ、ヨネを飛ばして音読し、その不自然さを実感してください。次にこれら終助詞の代わりに他の言語要素を用いて円滑な発話のやりとりができるか挑戦してみてください。(M：真弓、T：貴子、共に仮名)

---

[1] 友人同士の電子メールのやりとりなどは書き言葉ですが、相互作用性があるので、ネ、ヨが現れると考えます。

【状況】真弓の知り合いの子供がいつからオーストリアに音楽留学して
　　　いるか話している。

M：高校卒業した後［じゃない？
T：　　　　　　　　　［じゃ金持ちだ**ね**.
M：金持ちだ**よ**.
T：.hh だってさ日本人でもたまにほら音大で留学する人いるけどさ:
　　（..）お金ないと**ね**、いか一行かせられない**よ**.
M：そうだ**よね**. (.) 何千万ってかかるじゃん**ね**。う:ん.

　上記の会話データはネ、ヨ、ヨネが特に集まっている部分を選びましたが、一般的にどの程度の頻度でこれらの談話標識は現れているのでしょうか。Maynard (1993) は日本語母語話者20組のカジュアル会話データに現れたネ、ヨの使用頻度を調べています。その調査結果を1分間での出現回数に換算すると、ネが2.2回、ヨが1.5回となります。筆者がSaigo (2011) で分析した日本語母語話者同士の雑談データではさらに多く、1分間にネが3.7回、ヨが2.0回現れています（ヨネは1.3回）。この2つのデータではネがヨよりも多く現れていますが、ヨの使用頻度のほうが高い場合もあります。筆者が同書で分析したラジオ会話では、1分間のネの出現回数が約1.8回だったのに対し、ヨは5.3回も現れています（ヨネは0.3回）。このラジオ会話は、聴取者の1人（男）が他の聴取者（女）とデートをする権利を獲得するため、司会者に自分の良さをアピールしなければいけないという点で、また司会者も番組の不特定多数の聴取者向けに話を盛り上げなければいけないという点で、雑談と比べ目標志向性が高いと言えます。このことがヨの使用頻度に影響を与えた一因だと考えられます。目標志向性の高低とネ、ヨの使用頻度の関わりに関するさらなる議論は別の機会に譲ることにします。

1.3　話し手の印象への影響

　ネ、ヨは話し手が聞き手に与える印象に影響しているとも言われています。福島・岩崎・渋谷 (2008) は大学生49人に調査し、終助詞なしが「率直性」、ネが「受容性」、ヨが「自己主張」という印象に関係していると結論づけて

います。この結果が示しているように、ヨは日本社会では否定的に捉えられがちな自己主張の強さという話し手のイメージを聞き手に抱かせる可能性があり、その使用に注意を要するようです。日本語教科書でもこの点に関する(2)のような記述が見られます。

(2) ヨの使い過ぎ、不適切な使用は押しつけがましい、攻撃的などの印象を与えます［原文英文、筆者和訳］
（『Nakama 1a』p. 155）

目上の人に対して使いすぎると傲慢な感じを与えるため、注意が必要です。
（『聞く・考える・話す　留学生のための初級にほんご会話』p. 27）

またネが持つ受容性は、言い換えれば、親近感であり、ネの使用を一歩間違えれば、馴れ馴れしいという印象を聞き手に与えかねません。ここで重要なことは、ネ、ヨの不適切な使用は単に文法的な間違いとして聞き手に受け止められるのではなく、話し手の人格や性格と結びつけられる可能性があるということです。

以上、①発話のやりとりの標識として機能する、②使用頻度が高い、③話し手に対して聞き手が抱く印象にも影響する、という3点が、ネ、ヨを日本語教育で教えることが必要だと考える理由です。このような特徴を持つネ、ヨの習得は、本書のテーマである談話とプロフィシェンシーという観点からも非常に重要な意味を持つと考えます。つまり、ネ、ヨの運用能力の高低が、話し言葉の談話の一種である会話を円滑に遂行できるかどうか左右する重要な言語要素だと考えられるからです。

❷ 日本語学習者はネ、ヨを使っているのか

2.1　国内外からの報告

ナズキアン（2005）は初級から中級にかけての学習者の発話にネ、ヨがな

かなか現れないと指摘し、米国の大学で150時間の日本語学習を終えた学習者にペアワークをさせたときのやりとりを2つ紹介しています。

(3) 【1】Q：週末どうだった？
A：週末は友達と映画を見た。経済のレポートを書いた。それから、日本語のテストがあるから、日本語を勉強をした。

【2】Q：経済のクラスはどう？
A：クラスはとてもいい。

(ナズキアン, 2005, p. 167)

ナズキアンは、質問に対するこのような応答について、あたかも日記を読んでいるかのようで、不自然さを感じると述べています。守屋 (2009) はこのようなネ、ヨなしの発話のやりとりについて、「聞き手との関係性が表現できず、文が互いに独立し没交渉に並んでいるように感じられて、会話としての結束性が失われるため、自然な会話が成り立ちません。」(p.143) と述べています。ナズキアンの報告にある学習者に日本での学習経験があるのかどうかわかりませんが、仮にそのような経験がない、もしくは短期間であれば、米国で日本語を使って会話をする機会が非常に限られていることが、ネ、ヨが使えない一因だと考えられそうです。

しかし、日本国内にいれば、ネ、ヨが使えるようになるかというと、そう簡単な問題ではないようです。次に紹介する報告は20年前のものになりますが、日本語教育の現場に立つ方々なら、その報告内容が今でもそのまま当てはまると考えるのではないでしょうか。池田 (1995) は留学生6人[2]の日本語習得状況を在学中から就職後半年経つまでの2年6ヵ月調査したときの結果を振り返り、(4) のように報告しています。

---

[2] 留学生6人の母語 (国籍) は、ベンガル語 (バングラデッシュ) 4名、ウルドゥー語 (パキスタン) 1名、英語 (イギリス) 1名です (池田裕氏との個人通信)。

(4) 卒業前は、全員「よ」はまったく使っておらず、「ね」もそれほど使用していない。ところが、三人は会社で日本語を使うようになって「ね」の使用が大きく増えている。特にそのうちの一人は、「まあ例えば同僚がね、まあどっかに一緒にのみに行くとやっぱり目上の人とか外の同僚について話しているとき、やっぱり悪口けっこうやったんですよ」のように、文末ばかりでなく文中においても「ね」をかなり使い、また「よ」も使うようになっていた。しかし、残りの三人は「ね」の使用が無い、またはほとんど使用しないままであった。

(池田, 1995, p. 102)

池田のこの報告には重要な点が2つあります。まずは、来日してから2年以上の日本語学習を経たあともネの使用が限られている、そしてヨの使用が皆無だという点です。国内の日本語学習者を対象とした縦断的調査でもネの習得がなかなか進まないと報告されています (柴原, 2002; 初鹿野, 1994; Sawyer, 1992)。ヨの習得に関しては、初鹿野 (1994) がネと比較してかなり遅れると指摘しています。またOPIデータを分析した山内 (2009) もヨは「初級・中級ではほとんど出現せず、上級になると突然大量に出現する」(p. 12) と述べています。

池田の報告の2つめの重要な点として、どの程度誤用があったのかは不明ですが、就職後、6人中半分に当たる3人のネの使用頻度が格段に増えたこと、そしてそのうちの1人にはヨの使用も見られたということです。この変化は教室から会社という日本語習得環境の変化も大きく関係していると考えられそうです。

ネの習得を職場など自然習得環境が促進させているのではないかという指摘は尾﨑 (1999) にも見られます。尾﨑は体系的な日本語教育が未経験の就労ブラジル人8名にインタビューを1年にわたり実施しており、中間言語的な使用も含め、高いネの使用頻度が見られたと報告しています。この主な理由として、彼らの自然習得的な日本語の学習環境をあげています。しかし、尾﨑も言及しているように、ブラジルポルトガル語にはネと同じような機能

と発音を持つ談話標識（"ne"）があることが知られています。この母語の影響も就労ブラジル人のネの習得に大きく影響している可能性は否めず、この点で尾﨑の主張の妥当性が大きく損なわれると考えてもおかしくないでしょう。しかし、次のような考え方もできないでしょうか。就労ブラジル人の自然習得環境が、母語の談話標識の1つに類似したネを積極的に使う引き金になっているという考え方です。別の言い方をすれば、ネに似た談話標識が母語にあるにせよ、ブラジルポルトガル語を母語とする学習者が教室環境だけで日本語を学んでいたら、彼らの発話にネの使用はそれほど見られないという考え方です。この点は、もちろん今後の検証が必要でしょう。しかし、筆者が20年の日本語教育歴の中で感じることは、会社などで働いていなくても、教室外で日本人の友人などと日本語をよく使っている学習者ほど（誤用を含め）ネを使っているということです。反対に、試験でいい成績を取っていても、教室外で日本語をそれほど話していない学習者はネをほとんど使っていない印象を強く受けます。このような筆者自身の体験からも、ネの習得に関しては、残念ながら、自然習得環境のほうが（現在の）教室習得環境よりも効果的であると考えます。

　では、ネの習得において、教室習得環境と自然習得環境で何が大きく違うのでしょうか。その答えはネのインプット量の差だと考えます。職場や教室外で会う日本語母語話者の発話にネが頻繁に現れるということはそれだけ多くのインプットがあるということであり、そのインプットの多さが非母語話者のネの使用に大きく影響を与えていると言えそうです。

　しかし、日本国内で働いている非母語話者の発話にネが比較的多く現れる原因を単にインプットの多さだけに求めるのは短絡的かもしれません。p. 114で見たような日本語母語話者のネとヨの使用頻度を考えれば、ネの使用が促進される自然環境下ではヨの使用ももっと促進されてもよいはずです。尾﨑（1999）は被験者全員の1回目と6回目のインタビューのネ、ヨの使用回数の合計を示していますが、ネの763回に対して、ヨは3回しか使われていません。母語であるブラジルポルトガル語の影響を考慮しても、この差は大きすぎると言えないでしょうか。この結果は、学習者のヨの習得がなかなか進まないという池田（1995）の前述の報告とも重なります。では、他のどんな要因が

非母語話者のネとヨの使用頻度にそれほど差をつけているのでしょうか。その要因の1つに、ネ、ヨの意味機能のわかりやすさの違いもあげられるのではないかと考えます。より正確に言えば、使ってみようと思わせる、ある種のと・っ・つ・き・や・す・さ・の違いです。このことは、自然習得環境だけではなく、教室習得環境でのネとヨの習得度合いの違い（初鹿野, 1994; 山内, 2009）にも影響していると考えられます。この意味機能のわかりやすさに関しては、第3.3節でもう少し詳しく見ていくことにします。

2.2 教室習得環境とネ、ヨ

　前項で、教室習得環境と自然習得環境での、ネのインプットの量的な差について触れましたが、この点に関して素朴な疑問が出てきます。日本語母語話者の発話に現れるネ、そしてヨの使用頻度が高いことを考えれば、職場で働く日本語母語話者と同じように、教師の発話にもこれら談話標識が頻繁に現れないのでしょうか。この問いに対する答えはこれら異なる2つの環境で学習者が耳にする日本語の違いの中にありそうです。教室習得環境では学習者が耳にする発話のやりとりは、教師対学習者か、または学習者同士で行われたものです。一方、自然習得環境では学習者は母語話者同士での発話のやりとりを耳にすることが圧倒的に多いでしょう。言うまでもなく、母語話者同士の発話は自然な日本語で行われ、その中にネ、ヨも頻繁に現れています。しかし、教室習得環境では自然な日本語を操る人は教師のみで、また教師が話す日本語も、学習者に発話内容を理解してもらうために、簡略化したティーチャー・トークを用いる場合が（日本語クラスのレベルが下になればなるほど）多くなると考えられます。この場合、その有無が発話命題自体に影響を与えないネ、ヨが、ある程度、または大幅に、省略されている可能性は大いにあると考えられます。

　また教室環境でのネ、ヨの使用は、教師対学習者の発話のやりとりの特殊性にも少なからず影響を受けている可能性もあります。教室で行われる発話のやりとりは、[教師からの問いかけ（initiation）]→[学習者の応答（response）]→[教師のフィードバック／フォローアップ（feedback/follow-up）または評価（evaluation）]という、いわゆるIRF、IREという発話連鎖が多いことが知

られています (塩谷, 2008)。特にネ、ヨが導入される初級クラスではこの傾向が強いと言えるでしょう。教師が発話のやりとりを始める、また終了する権限を持っている、反対に、学習者が会話の主導権を握る権限が非常に弱い会話にはお互いの発話に影響を受けながら次の発話を形成していくという相互作用性は希薄であると考えられます。このことも教室環境でのネ、ヨの使用に影響を与えている可能性は否めません。教室でのネ、ヨの使用に関しては、今後の教室談話の量的・質的調査での報告がまたれます。

❸ 日本語教育でネ、ヨがあまり取り上げられてこなかったのはなぜか

教室環境での教師と学習者とのやりとりにネ、ヨが現れにくい可能性を指摘しましたが、これらの談話標識が現れる環境を意図的に作り出す工夫は教育現場でほとんどなされてこなかったのではないでしょうか。また、ネ、ヨの教育は他の文法項目と比べ、「手薄」(尾﨑, 1999)、「周辺的」(ナズキアン, 2005) であると指摘されているように、学習者の日本語レベルに合わせた体系的な指導も行われていないのが現状でしょう。では、なぜネ、ヨはこれまできちんと日本語教育で取り上げられてこなかったのでしょうか。考えられる理由を、外国語教育での談話標識の扱いが不十分だと指摘する Goddard (2011) の主張に沿って、考えていきます。

3.1 文の構造への影響

Goddard (2011) は談話標識の扱いが不十分な理由の1つに、談話標識がたいてい任意的で主要文法規則に干渉しないことをあげています。これに関連して、野田 (2005) は日本語教育が日本語学の体系主義の悪影響を受けてきたと指摘し、(5) のように述べています。

(5) 「を」「に」のような文の構造に関わる格助詞を重視し、「ね」「よ」のような聞き手との関係に関わる終助詞を軽視するのは、[日本語学の] 体系主義の悪影響である。これは、日本語学の文法で体系性の強い格助詞の研究は早くから行われていたのに対して、

体系性の弱い終助詞の研究はかなり遅れたことに対応している。

(野田, 2005, p. 6: [　] は筆者)

野田のこの指摘を言い換えると、現在の日本語教育では文法の正確さを重要視する一方、文の情報をどのように聞き手に伝えるか、という点の重要性が十分に認識されていない (ナズキアン, 2005) と言えるかもしれません。ネ、ヨの有無が影響を与えない、あるいは干渉をしないのは、文脈から完全に隔離された文の文法的な正しさであって、実際の文脈に現れた発話が持つ語用論的効果の適切さには当てはまりません。例えば、朝ばったり駅で出くわした同僚に「今日はいい天気です。」という裸の文末 (以下、裸文末) の発話では明らかに語用論的効果という観点から適切さを欠いており、この場合はネがなければ不自然な発話になります。

3.2　内省による作例への過度の依存

　Goddard (2011) は、内省による作例に過度に依存していることも、談話標識の扱いが不十分な理由としてあげています。もちろん内省による作例自体が悪いわけではありません。しかし、談話標識だけでなく、あいづち、フィラー、倒置、助詞の省略、言いさし、音韻変化、など会話特有の現象が再現されていないモデル会話が (特に初級レベルで) 多く見受けられることも事実です。ネとヨの複合体だと考えられるヨネ、そして間投助詞のネも初級日本語教科書のモデル会話ではほとんど扱われていません。

　発話末に現れるネ、ヨに関して言えば、教科書のモデル会話でも頻繁に用いられています。これはこれら談話標識の欠如が日本語会話を即不自然なものにしてしまうからでしょう。しかしながら、モデル会話でのネ、ヨの使用は会話を自然にする装飾的な意味合いが強く、これらの運用力を伸ばすための使用ではないと言えます。筆者の知るかぎり、ネ、ヨが導入される初級用の教科書でこれら談話標識の練習問題があるのは『Nakama 1a』だけだということもそのことを如実に物語っています。しかし、残念ながら、この練習問題も産出を促すようなものではなく、理解レベルに留まっています (練習問題は同書pp. 156-157を参照のこと)。

自然発話データの利用は、内省では見落としがちなさまざまな談話現象を意識化するうえで非常に大切なことです。もっとも会話教育の目的は自然発話に現れる談話現象を無作為に学習者に教え込むためではなく、学習者が会話を円滑に行う力、言い換えれば、会話のプロフィシェンシー向上を手助けすることです。どの談話現象を教えるのか、またいつ教えるのか、という点に関しては、日本語教育が今後考えるべき大きな課題の1つでしょう。

3.3　意味説明の難しさ

　外国語教育で談話標識の扱いが不十分な3つめの理由として、Goddard (2011)はその意味機能の説明が難しいこともあげています。これは、意味論的属性を持たない（または希薄な）談話標識が会話でどのような働きをしているのか非常に捉えにくいということです。この指摘は、初級文法項目であるネ、ヨには当てはまらないと思われるかもしれません。これまで、ネ、ヨに関する多くの研究がなされ、徐々にこれらの意味機能がわかってきたことも事実です。しかしながら、ネ、ヨの意味機能に関する研究論文が毎年のように出され続けていることからも、いまだこれらの意味機能に関して、統一的な見解は出されていないと言えます。

3.3.1　初級日本語教科書での説明

　では、意味機能がよくわかっていないネ、ヨが初級日本語教科書でどのように説明されているか見ていきましょう（表1）。紙幅の制限により、日本国内を中心に最も幅広く使用されている『みんなの日本語』、英語圏での採用が多い『初級日本語げんき（以下、『げんき』）』、初版が比較的新しい（2008年発行）『日本語初級大地（以下、『大地』）』、他教材と比べ、ネ、ヨの説明が詳しい会話教材『聞く・考える・話す　留学生のための初級にほんご会話』の4冊を選びました。

表1　初級日本語教科書でのネ、ヨの説明

『みんなの日本語初級I　翻訳・文法解説　英語版』
ネは文末に付けられ、話し手の同情や聞き手から同意を得られる話し手の期待を表します。また何かを確認する際にしばしば用いられます。(p. 35)［本文英文、筆者和訳］
ヨは文末に付けられ、聞き手が知らない情報を強調したり、あなたの判断や認識を断言的に表す場合に用いられます。(p. 41)［本文英文、筆者和訳］
『初級日本語 げんきI』
ネは話し手が自身の発話に対して聞き手から確証や同意を引き出したいとき、用います。(p. 66)［本文英文、筆者和訳］
ヨは発話内容を聞き手に納得させたいときに付加されます。またヨが付けられると、発話内容が信頼に値するものであるという話し手の意思を示します。(p. 66)［本文英文、筆者和訳］
『日本語初級1 大地　文型説明と翻訳［英語版］』
ネは付加疑問のように用いられ、話し手が共有する情報について確証を引き出したいときに用います。(p. 68)［本文英文、筆者和訳］
ヨは聞き手が知らない情報を強調する終助詞です。(p. 68)［本文英文、筆者和訳］
『聞く・考える・話す　留学生のための初級にほんご会話』
「ね」は、文の最後に付けて、確認したり、同意を求めたり、同意を示したりする働きをします。日常会話でよく使われ、より自然な日本語となります。(p. 26)
「よ」は相手に新しい情報を示すときに使います。「よ」は軽く短く、イントネーションを上げて発音します。強く発音したり、イントネーションを下げると、失礼になります。また目上の人に使いすぎると傲慢な感じを与えるため、注意が必要です。新しい情報を示す「よ」は使わなくても、問題はありません。(p. 27)

まず、これら教科書でのネの説明をまとめると、話し手が自分の発話内容に対して聞き手から同意や確認を得たいときにネを用いると説明されています。上記以外の教科書でもほぼ同じ説明がされています。これらの説明は『大地』の説明に見られるように、話し手と聞き手が情報を共有していることがネの使用の前提となっていると考えられます。

次にヨですが、『げんき』以外の上記の教科書でヨは聞き手が知らない情報を伝える際に用いられるとしています。この説明は今回取り上げなかった教科書でも一般的に用いられているものです。『げんき』でも聞き手に発話内容を納得させたいときにヨを用いると説明されており、ヨの使用が、聞き手が未知の情報を伝える、もしくは聞き手と話し手の認識が異なるという前提に立っていると考えられます。

以上のような説明は、話し手と聞き手の間に存在する情報・認識の一致・不一致からネ、ヨの統一的説明を試みた80年代中頃から90年代前半に発表された研究での主張と重なると言えるでしょう (大曽, 1986; 陳, 1987; 益岡, 1991)。

3.3.2 モデル会話に現れるネ・ヨ

次に上述のネ、ヨの説明をもとに初級日本語教科書のモデル会話 (以下、model dialogue の頭文字を取って、MD) に現れるネ、ヨを考察します。(6) のMD1およびMD2に現れるネ、ヨの使用は、現行の教科書に示された意味機能で容易に説明できます。

(6)　(MD1)『みんなの日本語初級II　本冊』(p. 11)―後省略
　　　鈴木　：明るくて、いい部屋です<u>ね</u>。
　　　ミラー：ええ。天気がいい日には海が見えるんです。

　　　(MD2)『げんき I』(p. 129)―後省略
　　　たけし：ロバートさん、はがき、ありがとう。旅行は楽しかったですか。
　　　ロバート：ええ、沖縄の海はすごくきれいでした<u>よ</u>。

次に、MD3およびMD4でのネの使用を見てみましょう。

(7) (MD3)『みんなの日本語初級II　本冊』(p. 103)―前後省略
大学職員　：先生の研究室はいつもきれいですね。
ワット　　：わたしは片づけるのが好きなんです。
大学職員　：本もきちんと並べてあるし、物も整理して置いてあるし…。

(MD4)『げんきI』(p. 102)―後省略
メアリー　：すみません。マクドナルドはどこですか。
知らない人：あそこにデパートがありますね。マクドナルドはあの
　　　　　　デパートの前ですよ。

これらの発話のやりとりを発話の内容、つまり情報レベルに注目して読むと、それほど違和感を覚えないかもしれません。しかし、発話のやりとりの自然さという点ではどうでしょうか。実際に音読してみてください。MD3ではワットさんの発話が、またMD4では道案内をしている人の発話が相手を多少突き放したような印象を与えないでしょうか。このような印象は同意を引きだすネの効力と関わりがあると言えます。MD3では大学職員の「先生の研究室はいつもきれいですね。」に対してどのような応答がより自然でしょうか。まずはネの効力に反応し、「ええ」「そうですね」など同意を表明し、その後「私は片づけるのが好きなんです。」と続けると突き放した印象はかなり薄れるのではないでしょうか。または褒めへの同意を示さず、謙遜して、「いえいえ、でもわたしは片づけるのが好きなんです。」などと言うとより自然に感じられると考えます。MD4では道を教えている人が「あそこにデパートがありますね。」というネが付加された自分の発話（以下、ネ発話）に間髪を入れず、「マクドナルドはあのデパートの前ですよ。」と続けています。つまり、ネ発話を用いているにもかかわらず、メアリーの「はい。」などの確認表明を待たないで、自分の発言を続けていることが少し突き放したような印象を与えていると考えます。このようにネが原因でぶっきらぼうな印象を与えかねない発話のやりとりは日本語教科書のMDに散見されます。そこに

は、聞き手と話し手がお互いの発話に影響をされながら次の発話を形成していく、という会話の最も基本的な部分（つまり、相互作用性）が軽視されている現状が見てとれます。

またネ発話で終わっているMDも少なくありません。聞き手から同意を引き出す効力を持つと説明されているネで発話のやりとりが終わっているのは、MDとして適切でしょうか。

以上、MDに現れるネの使用を見てきましたが、主に改善が必要なのは、ネの提示のしかたであり、ネの説明自体にはさほど問題がないと言えるでしょう。しかし、このネの説明ももうひとひねりでよりよい説明になることを後ほど提案します（第4.1.1節）。

次にMDでのヨを働きを見てみましょう。やりとりが少し長いので、行番号を左端に付けました。

(8)　(MD5)『みんなの日本語初級II　本冊』(p. 179) ―前省略
    1　高橋：渡辺さん、このごろ早く帰りますね。どうも恋人ができたようですね。
    2　林　：あ、知らないんですか。この間、婚約したそうですよ。
    3　高橋：えっ、だれですか、相手は。
    4　林　：IMCの鈴木さんですよ。
    5　高橋：えっ、鈴木さん？
    6　林　：去年、渡辺さんの友達の結婚式で知り合ったそうですよ。
    7　高橋：そうですか。
    8　林　：ところで、高橋さんは？
    9　高橋：僕ですか。僕は仕事が恋人です。

2、4、6行目のヨの使用は、話し手が聞き手の知らない情報を知らせるという日本語教科書に一般的に見られる意味機能で難なく説明ができます。では、高橋さんの9行目の発話（「僕は仕事が恋人です。」）はどうでしょうか。この発話内容も聞き手である林さんにとって未知の情報だと考えられますが、ここではヨの使用がありません。このMDが収録されている『みんなの日本

語初級II　会話ビデオ』(2001)で、この高橋さんの発話を確認したところ、高橋さんを演じる俳優はこの発話では少しバツの悪そうな感じで演じており、ここでの裸文末は特に不自然だとは思われませんでした。このように聞き手にとって新情報であってもヨの使用が見られない発話は日常会話にも、また日本語教科書のMDにも頻繁に見られます。このような現象は、ヨが聞き手の知らない情報を強調する際に用いられるとする『みんなの日本語』や『大地』の説明が使えそうです。つまり、聞き手が知らない情報でも話し手がそれを強調したくない場合はヨを使わなくてもよいということです。しかし、この強調という説明はどの程度役に立つのでしょうか。定延 (2013) は「意味の特定に困ればすぐに『強調』あるいは『やわらげ』のラベルを貼って済まそうとする研究者の状態」(p. 79) を「強調・やわらげ依存過多症」と呼んでいます。教科書でのヨの説明もこれに当てはまる気がしてなりません。特に、演繹的にしか文法説明に当たれない日本語学習を始めたばかりの学習者にとって、強調という説明はあまり意味をなさないと考えます。このように、聞き手が未知の情報であってもヨが現れない発話をうまく説明できないことが現行の教科書におけるヨの説明の大きな弱点だと考えます。

　他の教科書よりもヨに関する説明が詳しく書かれてある『聞く・考える・話す　留学生のための初級にほんご会話』では、ヨは強く発音したり、イントネーションが下降調だと失礼になり、また使いすぎると傲慢な印象を聞き手に与えると説明をしています。そして、最後に新しい情報を伝える際にはヨを用いなくてもよいと締めくくっています。この説明では、相手に悪い印象を与えかねないヨの使用は完全に任意だと受け取られる可能性が高く、ヨの使用を促す説明にはなっていません。このように、ネと比べ、ヨはその説明自体に改善の余地が大いにあると考えます。

❹ ネ、ヨの習得促進のために日本語教育で何ができるか

　メイナード (1997, p. 269) が「正しい日本語の知識なくしては、教材開発も、指導法の検討も、砂上の楼閣にすぎない」と述べています。このような考えは「正しい日本語の知識」というものが存在し、そこに到達できるとい

う前提に立っています。しかし、何をもって「正しい」とするかは非常に難しい問題です。この点で、このような考えは、ある意味、理想論だと言えるかもしれません。しかし、だからといって、正しい日本語の知識の探求をやめてしまっては、教材開発、そして指導法の質的向上はあり得ません。ネ、ヨに関しても、会話でどんな機能を果たしているのか、引き続き考えていく必要があります。

　野田（2005, p. 6）が指摘しているように、ネ、ヨの研究の歴史は格助詞に比べ浅く、これら談話標識が研究対象として盛んに取り上げられるようになったのは80年代後半に入ってからのことです。その時期の研究が、話し手と聞き手の情報・認識の一致・不一致という観点からネ、ヨの使用を統一的に説明しようとするものだったことはすでに述べました。しかし、このような考え方では捉えきれないネ、ヨの使用があることもこれまで指摘されてきました（今村, 2011; 加藤, 2001; 金水, 1993など）。90年代に入ると、聞き手の認知状態を離れ、ネ、ヨを、話し手と発話内容の関係性から説明しようとする試みが主流となりました。そして、ネ、ヨがなぜ会話に特有に現れるのか、という点に関して、示唆に富む指摘が多くなされています（片桐, 1995; 加藤, 2001; 金水・田窪, 1998など）。しかし、日本語教育への直接的な応用を（主）目的としていないこれらの研究で得られた知見は学習者に文法説明として提示するには難解、抽象的な感は否めず、日本語教育での応用はいまだ行われていないようです。今、必要なのは日本語学など隣接学問領域の成果をそのまま借用するのではなく、日本語教育が学習者のために自前の説明を考えることです（小林, 2013）。その過程で、「ノンネイティブの立場に立って『勘どころ』をおさえた」（黄・井上, 2005, p. 128）ものかどうかという問いかけを自分自身に繰り返し行っていくことが大切だと思われます。

4.1　発話連鎖性からネ、ヨを考える

　何事も挑戦なくして進歩はありませんので、日本語教育での使用を目的とし、筆者がSaigo（2011）等で提案しているネ、ヨの機能を紹介します。提案

の主要点は、ネ、ヨに発話連鎖効力があるということです[3]。ここでの発話連鎖効力とは、ネ発話／ヨ発話の直後に、他の発話を要求する力のことです。

4.1.1 ネの意味・機能

　ネに関しては、すでに述べたように、聞き手から同意や確証を引き出すという発話連鎖の視点からの説明が教科書でなされています。この点に関しては大きな異論はないと思います。しかし、同意を引き出すネを用いて会話で何ができるかという視点が、教科書の説明には欠けており、学習者にとってはあまり使い勝手の良いものではないと考えます。

　では、ネの文法説明はどのようにより良いものにできるのでしょうか。筆者は西郷（2012）で同じ文脈に現れた同じ発話命題にネ、ヨ、ヨネが付いた場合、その後に母語話者がどのような発話の流れを作るのか調べるために、談話完成タスクを用いてパイロットスタディを行いました。その結果、ネの働きの1つとして、目的実行のための基盤構築として機能していることがわかりました。(9)の話の流れは被験者の1人が作ったものです（花子と太郎は恋人同士の設定で、4行目以降の話者指定および発話作成は被験者による）。

(9)　1　花子：もしもし、おはよ。
　　　2　太郎：あ、おはよ。
　　　3　花子：今日天気いい**ね**
　　　［これ以降、被験者作成］
　　　4　太郎：うん、そうだね。
　　　5　花子：今、何してるの？
　　　6　太郎：今起きたとこだよ。
　　　7　花子：どっか行かない？

この話の流れから、花子は電話をする前から太郎に外出の提案をしようと意

---

3) Saigo (2011) は、ネ、ヨの発話連鎖効力が語用論的属性から生起しているとし、認知言語学の重要概念である前景(figure)・背景(ground)との関連から論じています。本稿では議論を簡略化するためにこの点を省略しました。詳細は同書、または西郷（2005）をご参照ください。

図していたと考えられます。まず花子は［今日天気がいい］という発話命題をネ発話にし (3行目)、その後、太郎が同意を表明しています (4行目)。ここで、この発話命題を共有することで、2人の間に会話における共通基盤 (前提) が確立したわけです。

［今日天気がいい］のように、共通基盤にしたい発話命題は相手が同意する可能性が高いものになります。目的達成の前段階で同意が得られそうにない命題を提示することは通常ないからです。花子は太郎との間に共通基盤を確立したあと、7行目で「どっか行かない？」と電話の目的を実行しています。この点で、会話中のこのネの使用は方略的性格が強いと言えます。このネの使用は［ネ発話 (3行目) ⇒ 同意表明 (4行目)］というやりとりを考察しただけではわかりません。発話連鎖という視点を持ってその後の話の流れを考察することで初めて見えてくるものです。

ネで共通基盤を構築し、それをもとに提案をするという流れは日本語教育での応用が十分に考えられます。例えば、(10) のような練習です。

(10) 友だちA ： 例.なんかつかれた ね。
　　 友だちB ： うん、そうだね。
　　 友だちA ： ちょっと 例.そこのカフェで休ま ない？
　　 友だちB ： あ、いいね。例.なに、飲む ？

また談話完成タスクでは、ネ発話への同意表明後に太郎が続けて提案をする話の流れを作った被験者も複数いました。(11) はその一例です。

(11) 1 花子 ： もしもし、おはよ。
　　 2 太郎 ： あ、おはよ。
　　 3 花子 ： 今日天気いい**ね**。
　　 ［これ以降、被験者作成］
　　 4 太郎 ： そうだね。どっか行こうか。
　　 5 花子 ： おにぎりでも持っていく？
　　 6 太郎 ： それ、いいね、犬をつれて行こうよ。

7 花子 ：準備するから待ってて。すぐそっち行く。

　3行目の花子のネの使用意図は2つの解釈ができます。まずは先に見た被験者作成の会話(9)同様、提案前の共通基盤構築のためにネを用いたという考え方です。しかし、花子のそんな意図を汲み取ってか、太郎は同意表明に続けて提案をしているため、花子自身が提案をすることはなかったという解釈です。この発話の流れも、相手のネ発話の意図を汲んで提案をするという(12)のような練習問題ができるでしょう。

　(12) 友だちＡ ： 例．ちょっとこの問題難しいね。
　　　 友だちＢ ： うん、そうだね。ちょっと例．先生に聞きに行く？
　　　 友だちＡ ： そうだね。例．今、オフィスにいるかな？

　2つめの解釈は前述したような目的なしに花子がネ発話を用いたという解釈です。その場合のネの機能は情意的な共通基盤(Cook, 1990)を太郎との間に作ろうという花子の意図の表明です。ここでいう情意的な共通基盤とはわかりやすくいうと聞き手との良好な関係という意味です。このネの機能は先に見た目的達成のための共通基盤構築の働きと基本的には同じです。しかし、決定的に異なるのは情意的な共通基盤構築が目的のときは、自分の発話内容に同意を得ることが目的の達成だという点です。このネの使用の習得のために、どのような練習ができるでしょうか。ここに一例を示します。まず学習者をペアにして、教師がある場面の写真を見せます。学習者はその場面にいるという設定にし、ネ発話を使って、その場でのお互いの良好な関係を作るというものです。例えば、ハワイのビーチの写真なら、「空がきれいだね。」「うん、そうだね。」などの発話のやりとりが出てくるかもしれません。当然ですが、このやりとりのあと、黙り込んでは聞き手との間に良好な関係は築けません。その後も発話のやりとりを続ける力、いわば雑談を組み立てられる力を養うことも大切です。この点も現在の日本語教育に欠けている点でしょう。

　以上、聞き手から同意を得るという連鎖効力を持つネが実際の会話でどの

ような機能を持つか具体例を示しました。本章では談話完成タスクで得られたデータを用いましたが、発話連鎖という観点から自然発話データに現れるネを見てみると、他にもさまざまな方略的な使用が見つかるでしょう。このように、ネがどのように発話連鎖と関わっているのか、さらにはネを用いてどのように自分の意図する話の流れを作っていけるかという点を、教師側が明示的に教えることで、学習者はネを意識的に使おうとするきっかけになるのではないでしょうか。

4.1.2 ヨの意味・機能

　ネと同様、ヨも発話連鎖の観点から教えたほうがヨを使う意図が学習者にわかりやすいと考えます。そこでヨの意味機能を［ヨ発話をもとに、話の展開を1歩進めたい話し手の意図を示す］と提案します。言うまでもありませんが、ヨの効力が次に要求する発話内容は何でも良いというわけではなく、文脈上適切なものです。ヨが話の展開を1歩進める一方、ネは同意を求めるという点で、発話内容の情報価値からすると、足踏み状態、あるいは横ばいと言えます。図1はこの会話の進展から見たネとヨの違いを示したものです。

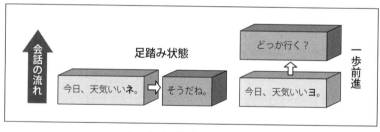

図1　会話の進展から見たネ、ヨ

　日曜日の朝、妻が夫に「今日、天気いいネ。」と言ったとしましょう。一般的に考えられる夫の応答は「そうだね。」などの同意表明でしょう。しかし、妻がネではなくヨを用いた場合、夫の応答が同じように「そうだね。」だとすると、会話の進展という点で物足りず、夫が妻の話を軽く受け流している印象を与え、口論の原因にもなりかねません。それはヨ発話には「どっか行

く?」など話を1歩進める効力があるからだと考えます。

　ここで(8)のMD5をもう一度見てください。

　　(8) (再掲)　(MD5)『みんなの日本語初級II　本冊』(p. 179) ―前省略
　　　1　高橋：渡辺さん、このごろ早く帰りますね。どうも恋人ができたよ
　　　　　　うですね。
　　　2　林　：あ、知らないんですか。この間、婚約したそうですよ。
　　　3　高橋：えっ、だれですか、相手は。
　　　4　林　：IMCの鈴木さんですよ。
　　　5　高橋：えっ、鈴木さん？
　　　6　林　：去年、渡辺さんの友達の結婚式で知り合ったそうですよ。
　　　7　高橋：そうですか。
　　　8　林　：ところで、高橋さんは？
　　　9　高橋：僕ですか。僕は仕事が恋人です。

　筆者が提案する考え方では2、4、6行目のヨの使用は聞き手に新情報を伝えるという考え方ではなく、談話の展開を1歩進める効力を持っていという考え方をします。言い方を変えれば、自分のこの発話で当該のトピックの話の流れを断ち切る意図がないことを示します。

　この発話連鎖効力という考え方と、話し手が聞き手の知らない情報を伝えるという説明との関わりを次のように考えます。伝える内容が聞き手に未知の情報であること(または聞き手との間に認識の対立があること)はヨを使用する必須条件ではなく、そのような発話内容とヨの相性がよく、共起しやすいということです。つまり、そのような内容の場合、次ターンで相手から同意以上のなんらかの反応を期待するのが普通であり、話を1歩進める効力を持つヨが頻繁に用いられると考えます。

　次に自然発話データ(「BTSJによる日本語話し言葉コーパス2011年版」[4])の中のヨの使用を見てみましょう。

---

[4]　音声、文字化資料つき自然会話コーパス。詳細・利用申し込みは、以下をご覧ください。
　　http://www.tufs.ac.jp/ts/personal/usamiken/btsj_corpus_explanation.htm

表2 JF04がJF03に歌手のエミネムのライブに行ったことを伝えたあとのやりとり

ライン番号	発話文番号	発話文終了	話者	発話内容
537	518	*	JF03	あー本当?。
538	519	*	JF04	うん。
539	520	*	JF03	すごい。
540	521	*	JF03	友達結構行ってる、おお、多かったけど。
541	522	*	JF04	3万人とか来たらしい<u>よ</u>。
542	523	*	JF03	すごい、<入るね>{<}。
543	524	*	JF04	<"そりゃ>{>}"「歌手名」こんなだわ"っていう<笑い>。
544	525	*	JF04	豆、本当豆みたいな。

(BTSJによる日本語話し言葉コーパス2011年版 会話番号244より)

[下線は筆者]

　自分が行ったエミネムという歌手のコンサートについて話している中で、JF04（JFは日本語母語話者女性の略）は「3万人とか来たらしいよ。」（ライン番号541）とヨ発話を用いています。その後、JF03からその発話内容への評価（「すごい、入るね。」）が続いています。ここで、「ヨを用いなくても聞き手から同じ応答が続くのでは？」と疑問を持つ読者の方々も多いでしょう。つまり「すごい、入るね。」を引き出したのは当該の文脈に現れた［コンサートに3万人来たらしい］という発話命題であって、ヨの効力ではないのではないかという疑問です。この疑問への答えは、ある意味「はい」でもあり、また「いいえ」でもあると考えます。

　まずは、この疑問に答える前に、ネを用いて答えに近づいていきます。バス停でバスを待っているときに、横に並んでいた中年男性（以下、中年A）があなたに「今日はいい天気です。」と話しかけてきたとします。その場合、あなたはその裸文末に違和感を抱きながらも、文脈からごく普通の挨拶だと考え「そうですね。」などと同意を表明するでしょう。つまり、中年Aが同意を引き出すネを用いても用いなくてもあなたは同じ応答をする可能性が高いということです。ヨもネと同じように考えます。［コンサートに3万人来

たらしい]という発話命題にヨが付かなくても、聞き手は話し手の発話意図を推論し、「すごい、入るね。」などの評価を示す発話をした可能性は高いと考えます。この点で、ヨがなくても同じ応答が続くのでないかという疑問への答えが「はい」になります。

次に「いいえ」の部分です。中年Aの「今日はいい天気です。」という発話、またコンサートに行った人が「3万人とか来たらしい。」と裸文末を用いた場合でも、それぞれの発話の文脈が大きな手がかりとなり、話し手の発話意図が聞き手にかなり明らかです。そのため、ネ、ヨがなくても聞き手は比較的容易に話し手の発話意図に到達できると言えます。ここで、前述の日曜日の朝の妻と夫の会話を思い出してください。仮に妻が夫に「今日は天気いい。」と裸文末を用いた場合、次のターンで夫に同意を表明してほしいのか、またはどこかに行くという提案をしてほしいのかがわかりにくく、ネ、ヨの使い分けが聞き手の推論に大きな手助けとなっていると言えるでしょう。このように、聞き手が話し手の発話意図に到達する手助けをするという点で、ネ、ヨはBlakemore (1987) が言うところの手続き的 (procedural) な機能[5]を果たしていると言えます。しかし、ネ、ヨはBlakemoreが同書で取り上げた英語のyou knowやafter allなどの談話標識とは性格が違うようです。基本的にyou knowやafter allなどの使用は話し手の任意です。しかし、中年Aの「今日は天気いいです。」という発話が示しているように、話し手の発話意図が容易に推論可能な場合でもネが欠落すると不自然に聞こえます。つまり、ネやヨの使用は完全に話し手の任意ではなく、「あなたに話している」という聞き手目当て性を表す談話標識として、かなりの部分で慣習的に用いられていると言えるでしょう。そのため、学習者はネ、ヨの運用能力向上なくして自然な発話のやりとりができないと言えます。つまりネ、ヨの習得の程度が会話のプロフィシェンシーに少なからず影響を与えていると考えられます。

以上、ヨ発話のあとに相手からの応答が続く場合を見てきましたが、発話連鎖の観点からヨを考察していると、ヨ発話のあとに話し手自身が続けて発

---

5) Blakemore (1987) は、言語の意味を概念的な意味 (conceptual meaning) と手続き的な意味 (procedural meanig) の2種類に区別しています。そして、手続き的意味は聞き手の発話 (概念的意味) 解釈に制約を加え、話し手の発話意図に到達する手掛かりとして機能していると述べています。

話をしている場合も多くあることに気がつきます。その一例を見てみましょう。

表3 あるテレビ番組がおもしろいというJF15に対してJF16が疑問を呈している

ライン番号	発話文番号	発話文終了	話者	発話内容
220	208	*	JF15	<笑いながら>たまにすごいー、ゲストとか来るじゃん。
221	209	*	JF16	知らない**よ**。
222	210	*	JF16	だって、あまりゲストとかさ、テレビ欄に載ってないでしょう?、あれ=。
223	211	*	JF15	=載ってない。
224	212	*	JF16	でしょう?。

（BTSJによる日本語話し言葉コーパス 2011年版 会話番号 250より）

［下線は筆者］

　この会話では、有名なゲストが来る、とあるテレビ番組がおもしろいと主張するJF15に対してJF16が「知らない」にヨを付けています。そして、引き続き、「だって、～」とそのテレビ番組をよく知らない理由を続けています。このようにヨ発話のあとに話し手自身が話を続ける現象は、山内（2009）でも指摘されており、「文と文のつながりをスムースにするような働き、つまり、発話に結束性を持たせるような働きをしている」(p. 12) と述べています。

　ここで少し話を教育現場に戻して、ヨを具体的にどのように教えることができるか試案を示したいと思います。話を1歩前進させるというヨの意味機能を学習者に明示的に教えるかどうかは教授法や教師の教育哲学などで変わると思いますが、大切なことは教師がモデル会話や例文に使われているそれぞれのヨの働きをきちんと理解し、説明ができるようにしておくことだと考えます。その際、聞き手が知らない情報のときにヨを用いるという、話し手の意思・意図が排除された説明よりも、本章で提案しているような、ヨを使って話を1歩前進させたいという話し手の意思・意図を示すという説明のほうが、ヨを使う目的がわかりやすく、また学習者がヨを使ってみたいと思えるのではないかと考えます。

次にヨの産出につなげるためには、どんな練習が可能でしょうか。残念ながら、ヨがすぐに使えるようになる打出の小づちのような練習が発見される可能性は低いでしょうから、さまざまな文脈での発話のやりとりの練習を通して徐々にヨの使用を習慣化させていく必要があります。例えば、先に見た表2の自然発話データ（「3万人とか来たらしいヨ。」）をアレンジして、以下のような伝聞と反応という練習が可能でしょう。

(13) 友だちＡ ： <u>例.田中さん、みどりさんとデートしたらしい</u>よ。
　　 友だちＢ ： ほんと！ <u>例.どこに行ったか聞いた？</u>

　この練習では、友達Aが第三者から聞いたことを友達Bに話して、なんらかの応答を期待していることを示すためにヨ発話を用いるという練習です。練習の際には、具体的な文脈を設定すると、学習者の想像力を刺激し、その後の会話も広がりを見せるのではないかと考えます。
　また表3の自然発話データに現れた［〜ないヨ。〈理由〉］の流れを用いて、(14)(15)のようなヨの練習もできるでしょう。

(14) 友だちＡ ： <u>例.田中のメルアド</u>、知っている？
　　 友だちＢ ： え、知らないよ。<u>例.あまり話したこともない</u>し。

(15) 友だちＡ ： <u>例.ねぇ、今晩、居酒屋に行か</u>ない？
　　 友だちＢ ： あ、ごめん。<u>例.行け</u>ないよ。<u>例.明日、試験がある</u>し。

　これらは、友達Aからの質問／提案に対して、肯定的な返答ができない場合の練習です。ここでのヨ発話の機能は否定的な返答に続いて、その理由も伝えるという話し手の意図を示すことです。
　以上、ヨを発話連鎖という視点から考察すると、これまで気づかなかった会話でのヨの働きがわかるのではないかと考えます。またこの視点から自然発話コーパスを見てみると、教育現場に応用できる未発掘のヨの使い方がまだまだ埋もれていると思います。

4.1.3 裸文末

　前述したように、ネ、ヨは、文脈から話し手の発話意図がわかりやすい場合でも、聞き手目当て性を表す談話標識として、慣習的に使われる場合が多いと指摘しました。こうして見てみると、日本語会話で裸文末はけっして普通（無標）ではなく、ネ、ヨ、そして相互作用性を示す他の発話末表現を用いたほうが自然な場合が多いと言えます。現在の日本語教育での教え方だと、書き言葉のように日本語会話でも裸文末が普通であり、ネ、ヨの使用は任意だという印象を学習者に与えてしまっているのではないでしょうか。そこで、裸文末の意味機能の指導も行うことが、ネ、ヨの使用を促すためには非常に大切だと考えます。

　では、裸文末はどのような場合に現れるのでしょうか。上原・福島（2004）が指摘しているように、「その場の状況に応じてとっさに対応して瞬時に行う発話」（p. 109）にも裸文末が現れると考えますが、その意図的な使用は基本的に［話し手が当該の発話の後に発話連鎖を意図していないことを示す］ことだと考えます。筆者はSaigo（2011）で、裸文末が現れる典型的な場合を示しました。まずは、純粋に発話命題を聞き手に表明するだけの場合で、面接での受け答えなどがそれに当たります。例えば、アルバイトの面接官に週に働ける回数を聞かれた場合、「4、5回です。」と裸文末で答えるのが一般的だと考えます。それはその発話自体になんら具体的な発話連鎖を意図していないからです。

　次に、当該の会話や話題に興味がない、もしくは続けたくないときも裸文末を用いるとしました。p. 126（もしくはp. 133）にある(8)のMD5をもう一度見てください。9行目の「僕は仕事が恋人です」は聞き手にとって未知の情報であるにもかかわらず、なぜヨが現れないのかが、従来のヨの意味機能説明ではうまく解決できないことはすでに指摘しました。しかし、裸文末が発話連鎖を持たないという考え方に立てば、結婚の予定がない、もしくは結婚相手がいない高橋さんはそのことについてあまり触れられたくない、つまり、その話題を続けたくないため、裸文末を用いたと考えられます。

　裸文末を使う3つめの典型的な場合として、会話の相手が目上の人や客などで、聞き手に対して、敬意・丁寧さを示したいときだと考えました。その

理由として、話を1歩前進させる効力を持つヨの使用は、話の流れを決める主導権は話し手にあることの表明にもつながり、謙虚を美徳とする日本の社会規範に反するということをあげました。ここにあげた裸文末の意味機能は今後その妥当性を検証しなくてはいけませんが、会話で裸文末がどのような働きをしているのか、という点も日本語教育で積極的に扱うべきであると考えます。

4.1.4 ノダ文との共起

自然発話データを見てみると、ネ、ヨがノダ文に後続する場合が非常に多いことがわかります。もちろん共起しない場合もありますので、従来どおり、ノダ文と、ネ、ヨは独立した文法項目として教えることは必要です。それに加えて「〜んですね(以下、ノネ発話)」「〜んですよ(以下、ノヨ発話)」のように共起した場合、会話でどのような働きをしているか教えたほうが学習者には親切だと考えます。その前に教える側が会話でのノネ発話、ノヨ発話の機能を知る作業が必要になってきます。その一例として筆者の試みを紹介します。筆者は西郷 (2004) で自然発話データでのネ、ヨの働きを考察する中で「〜ノネ (〜ンデスネ)」「〜ノヨ (〜ンデスヨ)」が出来事の叙述 (以下、物語) の中で以下の役割をしているのではないかと考えました。

(16) 1. 平凡な命題を物語の構成命題として積み重ね、聞き手から相づちを引きだそうとするとき、「〜ノネ」を用いる。
2. 意外な命題を物語の構成命題として積み重ね、聞き手から相づちを引きだそうとするとき、「〜ノヨ」を用いる。
3. 意外な命題を物語の構成命題として積み重ね、聞き手から相づち<u>を超える</u>応答を引きだそうとするとき、「〜ノヨ (上昇調)」を用いる。

(二重下線: 西郷 (2004)「以上の」からの修正)

筆者が同論文で述べているように、イントネーションに関してはさらなる調査研究が必要ですが、この談話レベルの文法を用いると、以下のように会話

がより自然になるのではないかと提案しました。

(17)
```
学習者 (=A) が作りそうな会話？
A：昨日漢字のテストがありました。
B：そうなんですか。
A：でもとても難しくてできませんでした。
B：それは、残念でしたね。
A：もう最悪です。
```

```
提案した談話文法を用いると……
A：昨日漢字のテストがあったンデスネ。
B：ええ。
A：でもとても難しくてできなかったンデスヨ。
B：それは、残念でしたね。
A：もう最悪です。
```

なぜ提案した談話文法を使うと発話のやりとりが自然になるかというと、話し手がどのように談話を組み立てていこうとしているか、その意図を聞き手に示しているからです。

ここでもう1つ重要なことは、[ネ発話／ヨ発話] と [ノネ発話／ノヨ発話] の意味機能は異なるということです。これは、(17) の会話例中のノネ発話／ノヨ発話を「昨日漢字のテストがありましたネ。」「でもとても難しくてできませんでしたヨ。」のようにネ発話／ヨ発話にすると、不自然だということからもわかります。これらの意味機能の違いを日本語教育で教えることも、非常に大切だと考えます。

4.1.5 ヨネ

ヨネも会話での使用頻度は高く、会話での円滑な流れに重要な役割を果たしていると考えられます。ヨネを発話連鎖の観点から考えると、[当該の

発話が、ヨの効力を持つ（＝1歩話を進める価値がある）ことへの同意を引き出す］と説明できます (Saigo, 2011)。つまり、［(発話＋ヨ) ＋ネ］のように、ヨ発話がネのスコープに入ると考えます。

筆者が西郷 (2012) で報告した談話完成タスクで1人の被験者が作り出した応答がヨネの性格をよく示しています。「今日天気いいネ。」というネ発話に対して「そうだね。」という応答を作った被験者は、「今日天気いいヨネ。」というヨネ発話に対し「どうしたのいきなり。」という応答を作っています。これはヨネのヨの使用がなんらかの含みを持たせていると被験者が感じたからだと考えます。また、以前筆者が担当する日本語学の授業で日本人学生にネ、ヨ、ヨネに関するレポートを課した際も、「今日天気いいヨネ。」と言われたら、なにか提案をしないといけない圧力を感じると書いてきた学生がいました。この圧力もヨの効力だと言えます。

また相手の発話内容へ同意を表明する際、「そうだネ。」よりも「そうだヨネ。」のほうが積極的な同意という印象を与えないでしょうか。これも後者が「ヨネ」のヨの効力で、相手の発話内容に発展性があることを示し、(興味がない場合でも) 積極的に会話に参加しているという態度を表すことができるからではないでしょうか。

このように、発話連鎖という考え方がヨネの働きを考えるうえでも有効だと考えます。紙幅の都合上、ヨネのさらなる議論は別の機会に譲らなければなりませんが、興味のある方はSaigo (2011) をご参照ください。

❺ おわりに

本章では、日本語教育の視点から、談話標識であるネ、ヨを考察しました。本章前半で日本語教育の中のネ、ヨの扱いに関する問題点を指摘し、後半で発話連鎖という視点から、ネ、ヨの意味機能を提案しました。提案したネ、ヨの意味機能は、なぜ会話でこれらの談話標識を頻繁に使うのか、という使用目的、言い換えるなら、話し手の使用意図、が既存の (教科書の) 説明より理解しやすいのではないでしょうか。しかし、この提案したネ、ヨの意味機能を実用化すためには、解決しなければならない多くの課題があります。

特に、学習者に教える際には、イントネーションに関する情報を教えることも不可欠です。

　学習者がネ、ヨを体系的に学べる環境作りには、まだまだ長い道のりがあります。しかし、会話をしているにもかかわらず、発話に聞き手の存在（聞き手目当て性）が感じられない発話、いわば独白調の発話から抜け出せない学習者にとって、ネ、ヨの習得は非常に大きな助けになると思います。そして、これら談話標識の運用能力の向上は、発話のやりとりをする力の向上であり、さらには、会話のプロフィシェンシーの向上へとつながっていくと考えます。

　最後に、本書の編者者の1人でもある鎌田氏は、ネ、ヨを、栄養価は高いが、捕まえにくいウナギに例えています（個人通信）。皆さん、会話という川で泳ぎまわるウナギをいっしょに捕まえに行きませんか。きっと美味しいですヨ！

参考文献
池田裕 (1995).「待遇表現の諸相7　終助詞と丁寧さ」『言語』24(11), pp. 102-103. 大修館書店.
今村和宏 (2011).「終助詞『よ』『ね』の『語りかけタイプ』と体の動き」『言語文化』48, pp. 37-51. 一橋大学.
上原聡・福島悦子 (2004).「自然談話における『裸の文末形式』の用法と機能」『日本語教育論集　世界の日本語教育』14, pp. 109-123. 国際交流基金.
大曽美恵子 (1986).「誤用分析1『今日はいい天気ですね。』—『はい、そうです。』」『日本語学』5(9), pp. 91-94. 明治書院.
尾﨑明人 (1999).「就労ブラジル人の発話に見られる助詞の縦断的研究（その1）—終助調「ね」を中心として—」『名古屋大学日本語・日本文化論集』7, pp. 91-107. 名古屋大学留学生センター.
片桐恭弘 (1995).「終助詞による対話調整」『言語』24(11), pp. 38-45. 大修館書店.
加藤重広 (2001).「文末助詞『ね』『よ』の談話構成機能」『富山大学人文学部紀要』35, pp. 31-48. 富山大学人文学部.
金水敏 (1993).「終助詞ヨ・ネ」『言語』22(4), pp. 118-121. 大修館書店.

金水敏・田窪行則 (1998).「談話管理理論に基づく『よ』『ね』『よね』の研究」堂下修司・新美康永・白井克彦・田中穂積・溝口理一郎 (編)『音声による人間と機械の対話』pp. 257-271. オーム社.

黄麗華・金水敏 (2005).「対象研究と日本語研究」松岡弘・五味正信 (編)『開かれた日本語教育の扉』(pp. 122-136). スリーエーネットワーク.

小林ミナ (2013).「日本語教育文法の研究動向」『日本語学』32(7), pp. 4-17. 明治書院.

西郷英樹 (2004).「日本語教師の会話分析—物語の中の「〜ノネ」「〜ノヨ」を例にとって—」『日本語教育連絡会議論文集』16, pp. 65-72. 日本語教育連絡会議.

西郷英樹 (2005).「終助詞「ネ」「ヨ」を使う理由—「背景化」「連鎖性」という概念を用いて—」『関西外国語大学留学生別科日本語教育論集』15, pp. 43-63. 関西外国語大学留学生別科.

西郷英樹 (2012).「終助詞「ね」「よ」「よね」の発話連鎖効力に関する一考察—談話完成タスク結果を基に—」『関西外国語大学留学生別科日本語教育論集』22, pp. 97-117. 関西外国語大学留学生別科.

定延利之 (2013).「りきみ等の声の使い方:フォネーション—発音の姿勢—」『日本語学』32(5), pp. 76-92. 明治書院.

塩谷奈緒子 (2008).『教室文化と日本語教育:学習者と作る対話の教室と教師の役割』明石書店.

柴原智代 (2002).「『ね』の習得—2000/2001長期研修OPI データの分析—」『日本語国際センター紀要』12, pp. 19-34. 国際交流基金.

陳常好 (1987).「終助詞—話し手と聞き手の認識のギャップをうめるための文接辞—」『日本語学』6(10), pp. 93-109. 明治書院.

ナズキアン富美子 (2005).「終助詞「よ」「ね」と日本語教育」鎌田修・筒井通雄・畑佐由紀子・ナズキアン富美子・岡まゆみ (編)『言語教育の新展開』pp. 167-180. ひつじ書房.

野田尚史 (2005).「コミュニケーションのための日本語教育文法の設計図」野田尚史 (編)『コミュニケーションのための日本語教育文法』pp. 1-20. くろしお出版.

初鹿野阿れ (1994).「初級日本語学習者の終助詞習得に関する一考察—『ね』を中心として—」『言語文化と日本語教育』8, pp. 14-25. お茶の水女子大学日本言語文化学研究会.

福島和郎・岩崎庸夫・渋谷昌三 (2008).「終助詞"よ"と"ね"の発話が発話者の印象に及ぼす効果」『目白大学心理学研究』4, pp. 75-84. 目白大学.

益岡隆志 (1991).『モダリティの文法』くろしお出版.

メイナード, 泉子・K (1997).『談話分析の可能性』くろしお出版.

守屋三千代 (2009).「「いいお天気です」「そうです」」池上嘉彦・守屋三千代 (編)『自然な日本語を教えるために』pp. 142-146. ひつじ書房.

山内博之 (2009).『プロフィシェンシーから見た日本語教育文法』ひつじ書房.

Blakemore, D. (1987). *Semantic constraints on relevance.* Oxford: Oxford University Press.

Buysse, L. (2012). *So* as a multifunctional discourse marker in native and learner speech. *Journal of Pragmatics, 44*(13), 1764-1782.

Cook, H. M. (1990). The sentence-final particle 'ne' as a tool for cooperation in Japanese conversation. *Japanese/Korean Linguistics, 1*, 29-44.

Goddard, C. (2011). *Semantic analysis: A practical introduction* (2nd ed.). Oxford: Oxford University Press.

Maynard, S. K. (1993). *Discourse modality: Subjectivity, emotion, and voice in the Japanese language.* Amsterdam: John Benjamins.

Saigo, H. (2011). *The Japanese sentence-final particles in talk-in-interaction.* Amsterdam: John Benjamins.

Sawyer, M. (1992). The development of pragmatics in Japanese as a second language: the sentence-final particle NE. In G. Kasper (Ed.), *Pragmatics of Japanese as native and target language* (pp. 85-113). Honolulu: University of Hawaii, Second Language Teaching & Curriculum Center.

参考日本語教材

『聞く・考える・話す　留学生のための初級にほんご会話』(2007). スリーエーネットワーク.

『初級日本語げんきI』『初級日本語げんきII』［第2版］(2011). The Japan Times.

『日本語初級1大地　文型説明と翻訳［英語版］』(2009). スリーエーネットワーク.

『みんなの日本語初級I　本冊』(1998). スリーエーネットワーク.

『みんなの日本語初級II　本冊』(1998). スリーエーネットワーク.

『みんなの日本語初級I　翻訳・文法解説　英語版』(1998). スリーエーネットワーク.

『みんなの日本語初級II　会話ビデオ』(2001). スリーエーネットワーク.

Nakama 1a: Introductory Japanese: Communication, Culture, Context (2008). Heinle & Heinle Pub.

参考資料

宇佐美まゆみ監修 (2011).「BTSJ による日本語話し言葉コーパス (2011 年版)」『人間の相互作用研究のための多言語会話コーパスの構築とその語用論的分析方法の開発』平成 20-22 年度科学研究費補助金基盤研究 B (課題番号 20320072) 研究成果.

ライティングにおける談話とプロフィシェンシー
―Eメールの教材化のために―

由井紀久子

❶ はじめに

　コミュニケーション能力や日本語プロフィシェンシーというと、まず頭に思い浮かべるのは、口頭能力のことが多いのではないでしょうか。言語の基本は口頭言語で、あの人は日本語がぺらぺらだとか、話すのがうまいとか、あるいは、その基盤として人の話をしっかり聞いているなど、会話場面を念頭に置いてイメージすることができます。

　それに対して、文字言語は、2者間で情報伝達や行為要求のために行う言語活動としてのコミュニケーションだとは受け取られにくい側面があります。手紙や電子媒体でのメールやそれに類する文書などはコミュニケーションと捉えやすいのですが、例えば、学術論文は思考の論理的表明で、特に論証過程では「私」視点から離した書き方、自律的な書き方をしているため、一見コミュニケーションだとは捉えにくい文章の種類です。しかし、論文の著者は読み手に自身の考えについての議論の場を提供し、内容の検証や批判等の思考をさせていることを考えると、コミュニケーションの1つだと言えます。

　コミュニケーション能力の観点では、文字言語にはその概念で捉えられやすい文章の種類とそうでないものがあるということになります。一方、日本語プロフィシェンシーの観点から見ると、どの文章の種類にも産出するにはそれぞれのタスクがあり、産出物に熟達度が認められることから、プロフィシェンシーの概念で捉えられると考えられます。以下、この章では、他の章とは違って文字言語の談話とプロフィシェンシーを扱います。特に、相手に向けての文字言語のコミュニケーションであるメールを取り上げます。なお、昨今使用されているLINEは、本章ではデータとして扱っていません。イラスト風のスタンプなどを多用したり、文節や句で区切り、1回あたりの量を少なく書いたりする場合においては、どのような談話上の問題を含んでいるのかを考えるのは大変興味深いのですが、本章では1回あたりに、ある程度

のまとまった分量を書く談話に注目して分析するため、メールに絞ることにします。ある程度の長さのある談話は、書き手がタスクを遂行するために、目的や相手等を含む場面を認識し、必要となる構成要素を組み立てて文章を作成するからです。また、近年Facebook等のSNSでのやりとりも多用されていますが、よりフォーマルなライティング場面では、書き手はここで扱うメールに準じて談話を構築していくと考えられますので、本章ではメール文に文字を媒体とするコミュニケーションの談話を代表させて[1]、教材化について考えていきます。

❷ メール文談話の特徴：会話文への志向性と独自性

　以前は、フォーマリティの観点から、携帯メールとパソコンメールという媒体の違いが意識されていました。携帯メールで普段カジュアルなやりとりをしているときは短い文言が多いので、パソコンメールでフォーマルなメールがうまく書けないといった問題が指摘されていました。昨今のスマートフォンの普及によりLINE等のアプリ（アプリケーション）が、特に若者の間で流行しています。非常に短い文言やスタンプと呼ばれる絵記号でやりとりが行われることもあるようです。友人等の親しい人とは短い文言でやりとりしていて、フォーマルで長さのあるメールを書く機会は相変わらず少なく慣れていないという問題自体や発生原因は大きく変わっていないようです。

　メール文の特徴として、まず携帯メールについて、例えば、三宅（2005）は次のように述べています。

> 「書きことば」であるメール（以後、携帯メールという）のメッセージは、「まるで話しているようだ」と評されるほど、「話しことば」的なのである。そこには、声や表情という直接的なかかわり合いよりも、間接的なかかわりのなかで、相手との親密度（共有感）を求める、という逆説的な対人関係があるように感じられる。
>
> （三宅, 2005, p. 234）

---

1) 「代表例」として扱うということで、「典型」と規定しているわけではない。

また、久保田 (2012) には、「話しことば」になりきれない携帯メールについて、次のような特徴づけが述べられています。

> しかし、携帯メールは「話すように書く（打つ）」と言われるように、書きことばでありながらも常に話しことば的な性質を持ち合わせている（三宅, 2004 (ママ); 太田, 2001）。しかしながら、携帯メールはそれが文字で書かれたものである以上、本来話しことばに伴うべき抑揚、音調、強勢といったパラ言語情報が欠如してしまう。
>
> （久保田, 2012, p. 147）

ここから、携帯メールには、会話文への志向性と独自性が見て取れます。携帯メールというのは、言うまでもなく文字を媒体としていて、また、対面で話すときのように相手と同じ空間を共有しているわけではありません。一方で、相手への伝達を強く意識するコミュニケーションであり、話者の感情や態度を抑揚、音調、強勢などのパラ言語情報や表情や身振りなどの非言語情報として相手に伝えている会話文に近づきたいという意識があるようです。パラ言語情報が欠如しているというコミュニケーション時における不全感が顔文字や絵文字の使用を促進している（久保田, 2012, p. 148）と言えます。

　口頭でのやや複雑な交渉会話では、相手の表情などを見ながらことばを選択し、重ねていくことによって、タスクを遂行しています。一方、よりフォーマルな場面で用いられることが多いパソコンのメールは、相手への伝達を強く意識するコミュニケーション場面であるのは同様ですが、パラ言語情報の欠如が意識されても、その代わりとなる顔文字や絵文字のような情報手段はあまりとりません。また、相手の理解や意向を確認、すなわち意味交渉をしながら、頻繁なやりとりを行うこともあまりしません。タスクの遂行を成功させるには、別の方策が必要となります。そのうちの1つが、談話構成をあらかじめ正確に伝わるように組み立てることです。しかし一方で、ただ単に「完璧な」談話構成にするだけであれば、相手に有無を言わさずという強い行動要求の力が及んでしまうことになりかねません。承諾・不承諾等の行動の選択権を相手に委ねるなどの配慮も必要です。

口頭会話では、聞き返しや確認など頻繁なやりとりによる意味交渉が行われています。メールなどによるカジュアルな状況では、それに倣って短い文言を頻繁にやりとりすることもあるでしょうが、よりフォーマルなメールでは、むしろ、その必要が発生しないようにするほうが望まれるのです。

　本章では、会話文を志向しながらも独自性を持っているメール文のプロフィシェンシーを向上させるために把握すべき特性を考察して、その教材化の課題と具体案を考えていきます。

❸ 談話構成要素と丁寧さ

　上述のとおり、文字言語による、ある程度フォーマルなコミュニケーション場面では、まとまった内容を一度に書いて伝えるため、談話構成を整えるのが望ましいと言えます。そこで、本節ではパソコンメールを想定して、メール文の談話構成を取り上げます。考察するのは『みんなの日本語中級Ⅰ』第1課で提示されている、依頼会話の内容をメールで頼むというタスクに対して書かれた作文標本です。

　次の (1) は、第1課に提示されている会話文で、右端の 　　　 は指導参考書に示されている談話構成要素です。

(1) ［市民会館のロビーで］
　　タワポン：佐野さん、ちょっとお聞きしてもいいですか。
　　　　　　　　　　　　　　　　　　　　　　　　　　　　｜声をかける｜
　　佐　　野：ええ、どうぞ。
　　タワポン：佐野さんのお宅は、伝統的な日本の家だと聞いたんですが。
　　　　　　　　　　　　　　　　　　　　　　　　　　　　｜話を切り出す｜
　　佐　　野：伝統的かどうかわかりませんが、古いうちですよ。もう90
　　　　　　　年ぐらいになりますね。
　　タワポン：わあ、すごいですね。
　　　　　　　あのう、実は、お願いがあるんですが……。
　　　　　　　　　　　　　　　　　　　　　　　　　　　　｜依頼を切り出す｜

佐　　野：何でしょうか。
タワポン：あのう、ちょっとお宅を見せていただけないでしょうか。
　　　　　　　　　　　　　　　　　　　　　　　　　　　［頼む］
佐　　野：えっ？　うちを？
タワポン：ええ。日本の畳文化についてレポートを書こうと思っているんです。
　　　　　　　　　　　　　　　　　　　　　［依頼の理由を説明する］
佐　　野：畳文化ですか。
タワポン：ええ。それで、一度実際に、畳の部屋がある家を見てみたいと思って……。
佐　　野：それなら、お寺とか旅館とか……。
タワポン：そういうところじゃなくて、普通の人がふだん生活している部屋がいいんです。
　　　　　　　　　　　　　　　　　　　　　［さらに依頼の理由を言う］
佐　　野：そうですねえ……。
タワポン：何とかお願いできないでしょうか。　　　［もう一度頼む］
佐　　野：じゃ、いいですよ。うちでよければどうぞ。
タワポン：ありがとうございます。助かります。　　　［お礼を言う］
　　　　　（これに続く後日の会話［1週間あとで］は省略）
（『みんなの日本語中級Ⅰ　本冊』第1課　会話スクリプト[2]；『みんなの日本語中級Ⅰ　教え方の手引き』スリーエーネットワークより）

　『みんなの日本語中級Ⅰ』は交渉会話をその学習内容としている教科書です。第1課では、頼みにくいことを丁寧に頼むことを学習目標としていて、その依頼会話文では、(1)のような談話構成を提示しています。渋る相手に承諾してもらうように依頼のことばを続けている場面です。談話の構成要素「依頼を切り出す」「頼む」「もう一度頼む」の3つで「依頼」が表明されています。依頼する「理由」は「話を切り出す」「依頼の理由を説明する」「さらに依頼の理由を言う」の構成要素で述べられています。ここでは構成要素としてラベル付けがされていませんが、「それで、一度実際に、畳の部屋がある家を見てみたいと思って……。」も理由の説明の一部です。相手に負担

---

[2]　原文は総ルビ。下線・下線番号削除筆者。

のかかることを依頼する場合、依頼の表明と理由の説明はやりとりを繰り返し、ことばを重ねて表すことが会話文で提示されているのです。

では、同様の内容をメールで依頼するとしたら、どのような文面になるでしょうか。(2)はタスクとして提示した状況設定です。

> (2) あなたには佐野さんという知り合いがいます。佐野さんは、古い伝統的な家に住んでいるそうです。あなたは日本の畳文化についてレポートを書かなければなりません。佐野さんに、家を見せてほしいとメールで頼んでください。

以下(3)～(8)は(2)のタスクに対して書いたメール文です。(3)(4)は中級前期日本語学習者[3]が(1)の会話文を学習したあとに特に説明を受けずに書いたものです。(5)(6)は上級日本語学習者[4]、(7)(8)のメール文は日本語母語話者[5]のもので、会話文を見ずに初見で(2)のタスクを読んで書いています。以下、プロフィシェンシーを考えるために、産出されたメール文の談話構成を中心に考察していきます。

> (3) 中級前期日本語学習者によるメール文
>
> 件名：レポート
>
> クラスのために畳文化のレポートをかかなければなりません。
> あの、古い伝統的な家に住んでいるので、たぶん家を見せてもらえませんか。
> ありがとう。

---

[3] 初級日本語教育教材での学習を終え、中級の教科書を使いはじめたレベルの授業に参加している留学生。

[4] 人文系の学部3年生の留学用日本語クラスに参加していて、日本語で学生生活を送っている留学生や非日本語母語話者の大学生。

[5] 人文系の学部1年生に在籍している日本語母語の大学生。

(4) 中級前期日本語学習者によるメール文

> 件名：○○から、私のレポートについて
>
> 佐野ちゃん
> 元気？お願いがあるって、
> 私は日本の畳文化についてレポートを書かなければならないから、佐野の家は古い伝統的な家に住んでいると聞いたが、できれば私を助けてくれる？

　メール文は、書き出し部分と本体部分、結び部分に分けられます。中級学習者の産出した (3) (4) の談話構成を見ると、次のことに気がつきます。(3) は書き出し部分に「挨拶」「切り出し」の構成要素がないという問題があります。メールの本文が突然、レポートを書かなければならないという「依頼の理由説明」で始まっていますが、接続詞などもありません。次の「古い伝統的な家に住んでいる」ことを理由として「家を見せてもらう」ことと直接的に因果で関係づけていて、やや不躾な印象を与えています。依頼の結び部分に「ありがとう」を使用しているのですが、*Thank you in advance*の訳として書く学習者は多くいます。(1) の会話文の最後では「ありがとうございます。助かります」とお礼が述べられていますが、これは、承諾に対する感謝表明です。日本語では依頼のメール文における結び部分には「よろしくお願いします」をよく使います。「ありがとう」では、依頼内容をやってもらえるということが前提になってしまい、相手に承諾・不承諾の選択権を与えない依頼を伝えることになります。

　「依頼」要素における「あの、」には相手への配慮が見えますが、(2) の、目上の人に家を見せてもらうという場面設定ではすわりが悪く感じます。しかし、より親しい対人関係でカジュアルな場面設定では不自然ではなくなることもあります。「たぶん」は「よかったら」に修正するとよりよくなるでしょう。

　なお、(3) の件名は「レポート」で依頼する側の事情の一部ですが、これだけでは依頼される側はメールの内容の予測がつきにくいという問題があり

ます。

　(4) は、書き出し部分に「宛名」「挨拶」がありますが、続いて「お願いがあるって、」と切り出しを書いています。これは「お願いがあるんだ（です）けど、」などに語句を修正するとよくなります。「理由説明」については、「私は日本の畳文化についてレポートを書かなければならない」から、古い伝統的な家に住んでいる佐野（さん）が「できれば私を助けてくれる」かという関係づけになっていて、自分の事情と相手の行動が直接因果関係で結びついています。また、依頼表明が疑問文形式であるので、相手に承諾するかどうかの選択権を与えてはいるのですが、相手が何をすればよいのかは明確にしていないという問題があります。

　ここに例示した中級前期段階の学習者については、理由を説明することも相手への配慮表現もある程度できていて、基本的な構成要素は整えられるようです。これについては、より正確さを上げる指導があればいいと思われます。しかし、上で見たように依頼の内容と理由の関係づけが十分ではなく、なぜ相手がその行動をしなければならないかを述べるのに十分な理由の説明がない等の問題が見えます。日本語教育の現場では、理由を十分に述べることが丁寧さにつながることなどを指導していくことが望まれます。

　(5)　上級日本語学習者によるメール文

> 件名：こんにちは
>
> 佐野さん
> 　お久しぶりです。元気にしていらっしゃいますでしょうか。
> 　急なことで本当にすみませんが、私は日本の畳文化についてレポートを書くことになったんです。佐野さんは確か、古い伝統的なお家に住んでるんですよね。恐縮ですが、もしよかったらお宅を拝見していただけませんか。お願いします。

(6) 上級日本語学習者によるメール文

> 件名：レポートに助けて欲しい
>
> 佐野さん久しぶりです。最近元気ですか。
> 実は、私は日本の畳文化についてレポートを書かなければなりません。しかし私はまだ日本の畳を見たことがありません。佐野さんは古い伝統的な家に住んでいると聞いたので、もしよければ家を見せてほしいと思います。返事待っています。

　日本語プロフィシェンシーが上がって上級レベルになると、書き出し部分の「挨拶」が安定して産出されています。(5)には、本体部分「理由説明」の前に「急なことで本当にすみませんが、」という依頼の「切り出し」も表現されています。(5)(6)は、ともに「恐縮ですが～ませんか」「もしよければ」などが書かれていて、中級学習者の例と比べると、不躾な感じは格段に減っています。2つの例を比べると、(5)は相手の選択権が確保されていますが、(6)は依頼行為の前提条件である依頼者の希望のみを表明していることから、頼みにくいことを依頼するという場面を考えると、やや強引な印象を与える依頼になっています。「～見せてほしいと思うのですが」にすると、「お願いできませんか」などの依頼が想起でき、強引な印象は和らぎます。結び部分はともに産出できてはいますが、修正を加えたほうがいいでしょう。理由説明については、必ずしも十分とは言えませんが、「切り出し」によって失礼な印象が抑えられています。

　さらにプロフィシェンシーを上げるには、(5)の「元気にしていらっしゃいますでしょうか」を「お元気にしていらっしゃいますか」にする、「急なことで本当にすみませんが、」のあとに「お願いがあります」などを明示する、「もしよかったらお宅を拝見していただけませんか」を「もしよかったらお宅を拝見させていただけませんか」とするなどの正確さに注目することがあげられます。特に、文字で伝える場合、正確さは口頭表現よりも重要になりますので、注意深く指導する必要があります。(6)では、「もしよければ家を見せてほしいと思います」を「もしよければお家を見せてもらいたいの

ですが／もらえないでしょうか」とすることがあげられます。結び部分で、(5)は「よろしくお願いします」に、(6)は「お返事をお待ちしております」など、依頼側の謙遜を表現すると丁寧度が上がります。件名については、(5)は「こんにちは」を「お願いがあります」などに、(6)は「レポートのことでお願い」などにすると、読み手が内容を予測しやすくなります。

次に、日本語母語話者の作文標本と比べてみましょう。

(7) 日本語母語話者によるメール文

> 件名：ご無沙汰しています
>
> こんにちは。今日はお願いがあってメールをします。
> 以前佐野さんが古い伝統的な家に住んでいるとお聞きしました。
> 僕が通っている大学で、日本の畳文化について調べるという課題が出ました。
> そこで佐野さんのお家をぜひ拝見させていただきたいのです。
> よければ返事をください。
> 都合は佐野さんに合わせますので。
> では、よろしくお願いします。

(8) 日本語母語話者によるメール文

> 件名：こんにちは。
>
> お久しぶりです。お元気ですか？
> 今日は、佐野さんに協力してほしいことがあり、メールしました。
> 私は学校で日本の畳文化についてのレポートを書くことになりました。そこで、佐野さんの家を見せていただきたいと思うのですが、よろしいですか？
> もしよろしければ、都合の良い日時を教えてください。急なお願いで申し訳ないですが、よろしくお願いいたします。

(7)(8)の母語話者の例でも、件名が上級学習者と同じく「ご無沙汰しています」「こんにちは」と挨拶になっています。件名が挨拶であるのが絶対に不可というわけではありませんが、一般的に読み手に内容を予測してもらうという観点からは、わかりにくい件名だと言えます。しかし、書き出し部分で、依頼の「切り出し」が「今日はお願いがあってメールします」「今日は、佐野さんに協力してほしいことがあり、メールしました」となっていることから、ある程度この問題は補えていると考えられます。

(7)(8)で特徴的なのは、「理由説明」から「依頼」へ展開するのに「そこで~ていただきたい(と思う)のです」が使われていることです。上級学習者の例では、「理由」は「~んですよね」「~ので」でマークされていました。「理由を説明する」から展開する部分における「そこで」には、どのような特徴があるのでしょうか。

「そこで」について萩原(2006)は、森田(1980)、グループ・ジャマシイ(1998)、ひけ(1987)、市川(2000)、アカデミック・ジャパニーズ研究会編(2001)における「だから」「それで」と比較検討し、次のように結論づけています。

　　だから：書き手の意志・主張・判断が明示的になる。「だから」という語の持つ意味効力は、書き手の意思に関係なく、後件の内容をより明示的にする。

　　それで：前件の原因を前提とした書き手の意志で選択できる行為が後件で表される。前件が原因で後件が結果の場合でそれが客観的な事柄の叙述の場合、「だから」ではなく「それで」になる。

　　そこで：前件は状況／場面で、後件ではその前件で生じた状況／場面をきっかけに、改善／解決するための意志的動作が来る場合には「そこで」になる。

(萩原, 2006, p. 9)

本節の依頼場面における理由と依頼の関係は、直接的な因果関係とすると不躾な印象になるのは上述したとおりです。「理由の説明」は、より厳密に言うと、依頼という行動要求が必要となった状況の説明です。ここでは、後件の意志的動作が来る部分に「～ていただきたい（と思う）のです」としていますが、(6)で見たとおり希望表明に「～のです」を付加することによって依頼が含意されることになります。依頼する側にとっては、問題を解決するために依頼しているのですから、「そこで」を用いて依頼へとつないでいるということになるのです。因果関係の「だから」や「それで」よりも「そこで」は必然性が個人的なレベルになるので、依頼にはなじみやすいと思われます。

　プロフィシェンシーの向上のためには、より詳細な知識を構築していくことが必要になります。本節で見た「理由説明」についての知識で言えば、理由説明が丁寧な交渉会話に必要な構成要素であることだけでなく、自分の事情を述べて相手に見せるように頼む場合も、十分な理由を述べているか、「そこで」のようなより適切な接続表現を用いているか、などがより詳細な知識となるでしょう。

　相手が承諾するかどうかの選択権の付与についてですが、(7)は「よければ」、(8)は「もしよろしければ」で確保されていて、不承諾を受ける可能性を十分に示した表現になっています。また、相手の都合を尋ねる表現もあり、相手への配慮が表されています。

　このように見てくると、相手に負担の大きい依頼をするメール文の場合、少なくとも、(1) 構成要素そのものの産出の有無、(2) 構成要素間の関係づけの適切さ、(3) 承諾・不承諾の選択権付与の有無、(4) 相手への配慮、(5) 理由説明における接続詞の選択、にプロフィシェンシーが上がってきていることを裏づける証拠があると言えます。談話構成に関するプロフィシェンシーを向上させるには、これらの証拠を利用し、それぞれのタスクについての具体的で詳細なポイントに焦点を当てて教材化を図るのが有効だと考えられるでしょう。

❹ 直示によるコミュニケーションの場作り

　日本語プロフィシェンシーを考えるとき、日本語を使用する「主体」である「私」が重要な位置を占めるのは言うまでもありません。談話という現実に使用されている日本語を考察する際、「私」を含む直示 (deixis) は重要な分析概念となります。直示に注目すると、直示的中心 (deictic center) である「今、ここ、私」が現実に使用されている言語の表現および解釈の基準点となります。このうち「今」と「ここ」については、一般に文字言語の場合、主体の身体が存在している空間を相手と完全には同じくしないこと、また、主体が言語を産出するのと同時に相手がそれを読むのではないことから、書き方に工夫が必要となるとされます。例えば、書き置きのメモなどに「今」のような直示的表現を使うと、書いた時点（文章産出時現在）が不明で「今」がいつなのか特定できなくなることから、具体的な日時を示すなどの工夫が必要になるとされます。なお、「私」およびその相手である「あなた」については、対話と同様に、書き手と読み手の関係と依頼する人と依頼される人の関係の上に、社会的役割の関係、情意的な関係、親疎の関係あるいは性格的な関係性等も重層的に付加しながら存在しています。

　では、メール文では直示的表現が具体的にどのように表れるか、(2) の状況設定のタスクで書いたメール文を見てみましょう。

(9) 中級前期日本語学習者によるメール文

件名：レポートのためにお願いがあります
佐野さん、元気？ 畳文化のレポートを書いています。でもそのレポートのために伝統的な家を見なければならない。 佐野さん、そんな家があるんでしょう。見せてくれないでしょうか。 …

(10) 中級前期日本語学習者によるメール文

> 件名：お願いがあります
>
> こんにちは、お元気？
> たたみ文化のレポートを書かなければなりません。
> 佐野さんの家を見せてもらえる？
> ありがとう。
> ○○

　(9)(10)の理由説明「レポートを書いている」の部分に注目すると、前節で見たように理由を表す接続詞等のマーカーがないだけでなく、物足りなさを感じる書き方になっています。(9)には「実は」「今」、(10)には「実は」「〜月〜日までに」を加えるとより印象がよくなるのではないでしょうか。「今」「〜月〜日までに」は時間に関する表現で、特に「今」は文章産出時を基準として表している直示的表現です。上述したように、一般に文字言語の場合、直示的表現は避けたほうがいいとされます。それにもかかわらず、読み手が同じ時を共有しているとはかぎらないメールにおいて、「今」を加えるほうがいいのはなぜでしょうか。「今」を追加すると、読み手に現在という時間の認識を促し、時点を共有することになります。厳密には、ここでの時点は書き手と読み手で少しずれることから、点が拡張された幅のある時間になります。「〜月〜日までに」は具体的な時間表示ですが、現在を意識するという点では直示的表現と同様の効果があります。直示的中心を明示、暗示することによって、読み手との間に同じ時間を共有するというコミュニケーションの場を生成しているとも言えます。

　次に、「実は」について考えてみましょう。この表現は独り言では用いられず、相手に心のうちを打ち明けるように言うときに使われます。つまり、相手の存在を前提としている表現で、「あなた」の存在をプロファイルしているということになります。メールの前提として、読み手である「あなた」が存在しているのは言うまでもありませんが、「実は」によって自分に対しての依頼であるという実感を読み手は明確に得ることができると考えられます。

(9)の「見せてくれないでしょうか」、(10)の「見せてもらえる？」はともに依頼表明にやりもらいという直示的表現を含んでいます。ここでも「私」と「あなた」の関係がプロファイルされ、依頼する人とされる人という関係に収れんしています。佐野さんとの親しさの関係の状況設定から言うと、「くださいませんか」や「いただけますか」のほうが適切だと考えられるように、場面が求める適切な表現を選択することが必要になるのは言うまでもありません。

(11) 上級日本語学習者によるメール文

件名：畳文化

佐野さん、こんにちわ。今、ちょっと聞きたいことがあるんだけど、この前、他の友達から聞いた。佐野さんが今住んでいる家は日本の伝統的な家だそうだ。もしよかったら、家を見せてもらえる？今、ちょうど日本の畳文化についてレポートを書かないといけないんだ。お願いします。

(12) 上級日本語学習者によるメール文

件名：

佐野さん、
お元気ですか？最近すごく暑い日が続いて本当に大変ですね。
突然ですが、お願いしたいことがあり、メールさせていただきました。
私は日本の畳文化についてレポートを書かなければならないことになって困っていたところ、佐野さんが古い伝統的な家に住んでいることを思い出し、よろしければぜひ参考したいという思いでメールさせていただきました。
連絡お待ちしています。

直示的表現に再度注目すると、(11) では「今」「この前」を多用しています。まず、1つめと3つめを見てみます。1つめの「今」は「ちょっと聞きたいことがある」につけなくてもいいですが、3つめの「今」は述語を「書いている」にするのであれば、あったほうがいい表現です。あるいは、「今から」「書かないといけない」としてもよいでしょう。1つめは切り出しであり、依頼という場面を予測させるためのものなので、特に文章産出時現在を強調する必要はないと思われます。3つめの直示的表現は、依頼の理由を説明するために、現在を際立たせ、読み手に同じ現在を中心とした時間を共有してもらうことによって、書き手の切迫感などの共有化も図れます。次に2つめですが、この「今」は長期にわたって定住している家であるのなら、不要だと思われます。

　直示的表現はコミュニケーションの場作りのために機能していることを見てきました[6]。直示的表現は使わないけれどもコミュニケーションの場作りをしている表現もあります。(12) では、「突然ですが、お願いしたいことがあり」で依頼を切り出しています。前節で見た (5) でも「急なことで本当にすみませんが」で切り出しています。依頼をする側の事情について何も知らない依頼される側にとっては、身構え、たじろぎ、ためらい等が発生する状況です。「突然の依頼」であることを明示することによって、このような気持ちが発生するだろうことを理解していますと伝えられるので、相手への配慮も表現されています。また、相手にとっては「どんな用件だろう」と予測の範囲を狭める効果があると言えます。

---

[6] 直示的表現の問題ではありませんが、(11) の書き出しに注目してみましょう。読み手との関係を親しい知人と設定しているようですが、「こんにちわ」は若者がネット上で多用しているとはいえ、メール文では「こんにちは」としたほうがいいのではないでしょうか。「こんにちは」と「こんにちわ」を相手や場面に合わせてあえて使い分けをしているのではないかぎり、訂正する必要があるでしょう。また、(11) は常体の文に終助詞などを付けずに、言い切りを使っている不自然さが目立つ例です。親しさを表すために、常体を使うことはできるものの、適切な文末表現を選択できるレベルにはなっていないと考えられます。

(13) 日本語母語話者によるメール文

> 件名：こんにちは、○○です。
>
> お元気ですか？
> 今度日本の畳文化についてのレポートを書くことになり、ぜひ佐野さんのお宅を取材させていただきたいのですが、大丈夫でしょうか？日にちなどはいつでも構いませんので、何卒よろしくお願いします。

(14) 日本語母語話者によるメール文

> 件名
>
> お久しぶりです。
> こんにちは！
> 実は日本の畳文化についてのレポートを書かなくてはならなくなりました。
> たしか、佐野さんは伝統的な家に住んでいると思い、メールさせていただきました。
> よろしければ家を見せていただきたいです。
> よろしくお願いします。

　(13)(14)では、理由の説明に「今度」や「実は」などが用いられています。上で述べたコミュニケーションの場作りが、文章産出時現在や「あなた」の存在を際立たせる方策でなされているのが確認できます。

　(11)〜(14)における依頼の理由説明の表現に注目すると、(12)(13)(14)はナル的表現「レポートを書かなければならないことになって」「レポートを書くことになり」「レポートを書かなくてはならなくなりました」が使われています。依頼する主体という人間の視点から書く「人間中心(Hinds & 西光, 1986)」の書き方というより、「状況中心(同書)」の書き方を採用することで、「私」を背景化しているのです。理由を状況として述べる場合、より状況ら

しい書き方となります。

　以上、メール文におけるコミュニケーションの場作りを直示という概念で見てきました。中級前期段階では、まだ直示が意識されていない書き方が現れることがあります。上級段階では、「今」や「実は」を入れたほうがいいのか入れなくてもいいのかの識別の問題があります。プロフィシェンシー向上のために注目すべき指導項目となることがわかります。

❺ 返信メールにおける対人的役割

　依頼メールに対する返信では、依頼する人と依頼される人という対人関係のもとで文章を産出することになります。さらに、社会的な関係や性格的な特徴に基づく関係などが重層的に対人関係を作り、表現の選択に影響を及ぼします。以下、(15) の状況のタスクに対して産出された返信メールの作文標本 (16) 〜 (21) を考察していきたいと思います。

(15) 状況とタスク：あなたの友だちから次のメールが来ました。しかし、あなたはそのお店のことは知りません。フミカちゃんに返信してください。

件名：教えて！

〇〇ちゃん
東京のフミカです。ちょっと教えてほしいんだけど、京都に北欧のパンを売っているお店があるって聞いたんだけど、名前分かる？
　〇〇ちゃんなら、京都の大学に通っているから知ってるかなって思って。

---

(16) 中級前期日本語学習者によるメール文

宛先：フミカちゃん
Re：ごめん
フミカちゃん、 　京都の大学に通っているけど、しらない。友だちに聞って、みる。

(17) 中級前期日本語学習者によるメール文

宛先：フミカちゃん
Re：
フミカちゃん 　ごめんね、北欧のパンを売っているお店の名前、しらない。でも、京都の大学の辺はいろいろなベーカリーがあるから、しらべて見るね。

　(16)(17)に見られるように、中級前期のレベルでも、依頼された人という役割から、依頼事項が遂行できないことを謝罪する表現が「ごめんね」などで現れています。言い換えると、依頼された側であるという役割を受け入れていることの表れとも考えられます。この役割を拒否する返信もありますが、返信メールでの謝罪については特に強調して指導しなくても産出されるようですので、相手との関係から見て適切な表現であるかにだけ注意すればよさそうです。

　また、「友だちに聞いてみる」「しらべてみる」などの補償の申し出も、書き手の性格や情意にもよりますが、書かれていると依頼された役割をしっかりと受け止めていることになります。特に指導しなくても学習者が産出することが多いので、表記や語彙の選択等に気をつけて指導すればいいでしょう。

(18) 上級日本語学習者によるメール文

宛先：フミカちゃん
Re：ごめんなさい
フミカちゃん 　ごめんな、あんまりパンを食べてへんからよく分からないねん。一応ほかの人に聞いとくから、何か情報あったらまたメールするわ。本当にごめんね。

(19) 上級日本語学習者

宛先：フミカちゃん
Re：ごめん！
フミカ　ひさしぶり。 北欧のパンが売っているお店？ 私あまりわかないけど、ごめんね。 あ、でも私の友達にも聞いてみるね。知っているか分からないけど、もし知ってたらメールするね。

　上級になると、「知らない」ことを告げる表現に「～ねん」「～けど」等が付加されていて、言い切りにしていないという特徴が見られます。再度メールすることを明言することによっても、依頼された側の人という役割の受け入れを示しています。

(20) 日本語母語話者によるメール文

宛先：フミカちゃん
Re：
ん～、ごめん、分かんないわー(´・д・`)ゞ また見つけたら連絡するねー。

(21) 日本語母語話者によるメール文

宛先：フミカちゃん
Re：教えて！
う〜ん。ちょっとわからんわ。 あんまりパン買う機会ないから…。 お役に立てず申し訳ない。

　フィラーについて言えば、(20)(21) の標本では、「ん〜」や「う〜ん」が書かれています。これは、依頼された情報提供ができない場合に、単に情報がないことを伝える以上の効果を持った、学習者の標本では見られなかった特徴です。また、前に見た上級学習者による (19) においては、「あ、」が「でも私の友達にも聞いてみるね」に先立って書かれています。

　話しことばにおけるフィラーについて、定延 (2013) では、(22) の例における「さー」について、「検討が終了して相手に返答すべき内容が確定した後に『これからあなたにとって否定的な内容を言いますよ』と言う、前触れのことば」(p. 18) であることを批判的に捉えて、意図的な伝達であるという解釈を否定しています。そして、これは「否定的な検討結果を踏まえて発せられる、検討中のフィラー」(p. 18) であると位置づけています。

(22) X：あ、すいません、このあたりに交番ありませんか？
　　 Y：さー、a. ?? 交番はあの角を曲がったところにあります。
　　　　　 b.　このへん交番はないですね。
　　　　　 c.　ちょっとわかりません。

(定延, 2013, 原文例文番号 (2))

さらに、(23) の例において、「さー」のあとに検討中のことば「うーんー」「んー」や「どこにあんにゃろねー」が生じ得ることを述べ、女性の期待する返答は返していない事実を根拠の1つとして議論しています。

(23) 女性：ねーねー　植民地にねー　なる国とねならない国の差っ
　　　　てのはどこにあると思う？
　　　男性：さーうーんー　どこにあんにゃろねー　んー
　　　　　　　　　　　　　　　　　（定延, 2013, 原文例文番号 (4)）

　言語学的に妥当な議論として、上の例におけるフィラーが意図的な伝達だとするのは確かに問題があるでしょう。一方で、日本語教育の観点からは、発話者側だけの言語学の分析結果をそのまま学習者に提供すると教授すべき内容に不足が生じることがあります。特に、タスクの遂行というプロフィシェンシーの向上を考える場合、「こんなときに、こう言う」という場面認識に基づく表現の知識（スキーマ）の構築が重要になります（由井, 2013）。場面（「こんなとき」）は、参加者、場所、目的、媒体など多元的で、対人関係も上述したように多層的です。表現（「こう言う」）も、意図的に伝達する情報そのものの言い方だけでなく、こう言えば相手にこう解釈されるだろうという可能性も含めてスキーマが構築されなければなりません。意図していなくても、伝達されてしまうことがあることも含めて学習者に指導し、意識化してもらうことも必要なのです。学習者のプロフィシェンシーを向上させるためには、発話者の意図と受け手の解釈の両方の面から、日本語世界における場面認識に基づく表現の知識（スキーマ）構築の手助けになるように、教材作成する際に意識しておくべきでしょう。

　本章の冒頭で、メール文は話しことばを志向する側面があることを述べました。メールにおいても、場面と相手との対人関係によっては、フィラーを使用することにより、より会話に近い表現にすることができます。書く練習においては、フィラーを積極的に取り上げることは少ないのですが、このメール文のように話しことばを志向している場面では、フィラーを活用し、その表現の効果を知るのがいいでしょう。(20) (21) では、依頼されたことを考えてみたけれど情報が提供できないことが伝わります。このような会話文によく使われるフィラーなどの項目も取り上げることによって、メール文のプロフィシェンシーが向上していくことになります。

❻ 教材化のための課題

　以上、依頼に関するメール文を考察し、プロフィシェンシーについて検討してきました。プロフィシェンシー向上を図る教材を作成するには、何をどう教えるのかを明らかにしておかなければなりません。

　ここでは、場面認識に基づく表現スキーマを基盤とした教材化を考えてみたいと思います。ラネカー (Ronald W. Langacker) は認知文法に関して (24) のようなプロトタイプ (prototype)、拡張事例、スキーマ (schema) からなるネットワークを提示しています。ここでの「スキーマ」とは、「同じ事物を指す他の表示よりも概略的で詳細を省いた記述がされている意味、音韻、もしくは象徴構造を指」(熊代, 2013) しています。

(24)

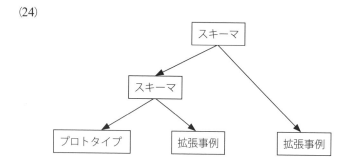

(Langacker, 1987, 1991)

　教材化のためのスキーマは、言語構造のスキーマにとどまりませんが、ネットワークが多層的に広がっていることは、(24) の図を基盤に置くとイメージしやすいと思います。例えば、文型がスキーマの位置にあると想定すると、具象化の矢印の先に、文脈内に置かれた文が事例としてあることになります。さらに、プロトタイプの用法の例と拡張的な例として関係づけられます。このような結節点が文型だけでなく、相手の社会的役割、個性を含む場面による言語の選択に関しても、談話構成についても、ネットワークができ、多層的・多元的になって広がっていると考えられます。

従来の教科書に代表されるライティング教材では、モデル文を模倣すべき型として提示されるため、それがそのまま規範として認識されることも多いです。しかしながら、日本語教育教材において、ある1つの談話構成だけを正しい規範として学習者に強制する必要はありませんし、それがプロフィシェンシーの向上に結びつくともかぎりません。無批判に丸暗記するよりも、構成要素がなぜ必要か、どのような機能を果たしているかについて、学習者が理解したうえで知識化したほうがいいのです。談話構成の知識化は、実際のやりとりから経験を基盤としてボトムアップ的に構成していくのが自然ではあります。しかし、学習者のライティングの場合、相手からのフィードバックがすぐに得られるともかぎらないので、相手の受け止め方、解釈のしかたはわからないこともあります。教材を相手の解釈を含めたスキーマ構築の手助けとなるように設計するのなら、その方法を探っていくのも大切なことだと言えます。

　では、どのように学習者のスキーマ構築を促せばいいのでしょうか。1つの規範的な談話に多元的な説明を加えて理解させることもできなくはありませんが、ある概念を学習者が母語の特性から持っていないこともあります。代わりの策として複数のサンプルと自分の産出した文章を比べ、必要な要素に気づくようにする方法が考えられます。例えば、上で見た接続詞「そこで」と別の接続詞が入ったサンプルを提示し、自分の書いた文章と比べることによって、自分の使用している接続詞の特性に気づくことができます。もし、問題があれば、その克服を課題として遂行するとプロフィシェンシーの向上が図れるでしょう。

　他の方法としては、構成要素の機能についての質問を学習者に投げかけ、それを考えることによって知識化することもできます。ある構成要素が欠落している場合、読み手がどのような印象を持つかなどを想像させることによって、読み手の解釈に対する気づきを促すことが考えられます。

　あるいは、チェックリストを使って、必要な項目が漏れていないかを確認することによってもプロフィシェンシーは高めることができるでしょう。解答例とその詳しい解説も、フィードバックが得にくいライティングには有効になります。

学習者の知識の構築の促進に注目すると、教材のあり方にも工夫が重ねられると思います。

❼ おわりに

以上、ライティングにおける談話とプロフィシェンシーについて教材化を念頭に置いて、談話構成、直示、役割に注目して考えてきました。談話構成については、構成要素を示すのももちろん大事ですが、ここでプロフィシェンシー向上のために必要なことは、次のことです。(1) 構成要素にも、より詳細なレベルがあり、それに気づき取り入れること、(2) コミュニケーションの場面、特に読み手を意識しながら書くと、より生き生きとしたメールになること、(3) メールによって与えられた役割を受け止めていることを示すような書き方をすると、相手の期待に近づくことなどです。これらの項目を日本語学習者の表現スキーマ構築に取り入れるような教材の提示のしかたがプロフィシェンシーを高めることにつながるという考えを述べました。

ライティングのプロフィシェンシーは、各タスクの特性を十分に見極めたうえで教材に反映させることが重要で、そのためにも、多角的に文章を解析していく必要があるでしょう。今後も他のタスクの例も検討し、より高いプロフィシェンシーをめざせるような教材を開発していきたいと思います。

参考文献
アカデミック・ジャパニーズ研究会 (編) (2001).「第11課　解決策を述べる」『大学・大学院留学生の日本語② 　作文編』アルク.
池上嘉彦 (1981).『「する」と「なる」の言語学』大修館書店.
市川保子 (2000).『続・日本語誤用例文小辞典』凡人社.
太田一郎 (2001).「パソコン・メールとケータイ・メール―『メールの型』からの分析―」『日本語学』20(10), pp. 44-53. 明治書院.
柏崎秀子 (1993).「話しかけ行動の談話分析―依頼・要求表現の実際を中心に―」『日本語教育』79, pp. 53-63. 日本語教育学会.

久保田ひろい (2012).「絵文字は何を伝えるか―携帯メールにおける絵文字のパラ言語的機能とテクストの構造化―」『認知言語学論考』10, pp. 143-192. ひつじ書房.

熊代敏行 (2013).「スキーマ (Schema)」『新編　認知言語学キーワード事典』研究社.

グループ・ジャマシイ (1998).『教師と学習者のために日本語文型辞典』くろしお出版.

定延利之 (2013).「フィラーは『名脇役』か？」『日本語学』32(5), pp. 10-25.　明治書院.

寺村秀夫 (1976).「『ナル』表現と『スル』表現―日英『態』表現の比較―」『国語シリーズ別冊 4　日本語と日本語教育―文字・表現編―』国立国語研究所.

萩原孝恵 (2006).「『だから』と『それで』と『そこで』の使い分け」『群馬大学留学生センター論集』6, pp. 1-11. 群馬大学留学生センター.

Hinds, J., & 西光義弘 (1986).『Situation vs. person focus ―日本語らしさと英語らしさ―』くろしお出版.

ひけひろし (1987).「接続詞『それで』『だから』『したがって』」」『教育国語』88, pp. 46-59. むぎ書房.

三宅和子 (2005).「携帯メールの話しことばと書きことば―電子メディア時代のヴィジュアル・コミュニケーション―」『メディアとことば』2, pp. 234-261. ひつじ書房.

森田良行 (1980).『基礎日本語 2 ―意味と使い方―』角川書店.

由井紀久子 (2005a).「書くための日本語教育文法」野田尚史 (編)『コミュニケーションのための日本語教育文法』pp. 187-206. くろしお出版.

由井紀久子 (2005b).「日本語教育における『場面』の多義性」『無差』12, pp. 1-22. 京都外国語大学日本語学科.

由井紀久子 (2009a).「プロフィシェンシーと書く能力の開発―機能を考慮した作文教育を目指して―」鎌田修・山内博之・堤良一 (編)『プロフィシェンシーと日本語教育』pp. 221-243. ひつじ書房.

由井紀久子 (2009b).「接触場面の教材化と学習者の場面認識―言語知識のボトムアップ的構築―」『無差』16, pp. 1-11. 京都外国語大学日本語学科.

由井紀久子 (2013).「ライティングのプロフィシェンシー向上を目指した日本語教育教材」『日本語プロフィシェンシー研究』創刊号, pp. 20-35. 日本語プロフィシェンシー研究会.

由井紀久子・岩崎典子・熊谷由佳 (2011).「日本語のプロフィシェンシーを志向した教材作り―リーディング能力とライティング能力―」『ヨーロッパ日本語教育』15, pp. 258-265. ヨーロッパ日本語教師会.

由井紀久子・大谷つかさ・荻田朋子・北川幸子 (2012).『中級からの日本語プロフィシェンシー　ライティング』凡人社.

由井紀久子・鎌田修 (2009).「『文脈の文型化』の意味するところ―欧州における日本語接触場面とその教材化―」『ヨーロッパ日本語教育』14, pp. 195-202. ヨーロッパ日本語教師会.

Fillmore, C. J. (1997). *Lectures on Deixis.* Stanford, CA: CSLI Publications.

Langacker, R. W. (1987). *Foundations of cognitive grammar: Theoretical perspective.* Stanford, CA: Stanford University Press.

Langacker, R. W. (1991). *Foundations of cognitive grammar: Descriptive applicaton.* Stanford, CA: Stanford University Press.

Levinson, S. C. (1983). *Pragmatics.* New York, NY: Cambridge University Press.

第3部

新たな談話観と教育現場

7 談話能力の育成をめざした教育実践
―初級スタート時から談話教育を考える―

嶋田和子

❶ はじめに

　日本語教育では、コミュニケーション力の涵養（かんよう）への関心が高まり、そのための研究も盛んになってきています。現場でも「できること」を重視した教育実践への試みがされています。とはいえ、実際には、依然として多くの初級学習の現場で「文型積み上げ」式教育が行われているのが現状です。つまり、初級学習は、真の意味でのコミュニケーション重視の教育にはなっておらず、談話能力を育てるという点も見過ごされているのです。

　また、初級から「できること」重視の教育実践が広く行われるようになってきたのですが、中にはその背後にある教育理念が明確にされないまま、ただ「できること」重視の教育実践をしているケースも見られます。「学校の学習目標を『できること』で明示した」「『できること』に向かって授業を組み立てている」と言っているものの、実際には「教師による知識の注入」「1つの答えに向かって突き進む」「文型練習から始まる会話練習」といった旧態依然としたやり方が行われていると言えます。つまり、「『できること』重視で学ぶ意味は何か」「どのように学ぶことが求められているのか」を考えることなく、ただ新しい流れに乗って、「新しい教育」を行っているかのような錯覚に陥っている現場が多く見られます。「はじめに文型ありき」ではなく「できること重視の教育を行う」ということは、まずは「言語活動」があり、そこには「人と人とがつながる力」が求められているからなのですが、そうしたことは忘れ去られ、単に表面的に「できること」が主役に据えられていることが多々あるのではないでしょうか。

　そこで、初級スタート時から談話教育を行うにあたって、本章では (1) (2) の2つの課題を取り上げ、いかなる教育実践が求められるかについて考えていくこととします。

　　(1)「会話を円滑に進めるために、共同で会話を行っている相手へ

のなんらかのサイン」(第 5 章西郷稿, p. 113) として大切な役割を果たすフィラーや終助詞などが、ほとんど意識されることなく授業が進められている。

(2) 初級授業では 1 文 (または 2 文) 程度のやりとりが中心であり、「いくつかの文からなる、ある長さをもった談話を作り出す力」を養うことが軽視されがちである。こうした力は、段落構成力の基礎をなすものであり、プロフィシェンシーの視点から初級スタート時から取り組むことが求められる。

❷ 談話をどう捉えるのか

　まず談話をどう捉えるのかについて記しておくことにします。談話、談話能力に関する定義はさまざまです。佐久間・杉戸・半澤 (1997) は、「コミュニケーションのまとまりにおいて、その主要な手段としてことばが用いられた場合、実現された結果としてのことばのつらなりにも一つのまとまりを想定することができる。それは一般に、文字によるものは『文章』、音声によるものは『談話』と呼ばれる」(pp. 15-16) と述べています。

　一方、メイナード (1997) は、「談話とは実際に使われる言語表現で、原則としてその単位を問わない。単語一語でも談話と言えるが実際には複数の文からなっていることが多く、何らかのまとまりのある意味を伝える言語行動の断片である」(pp. 12-13) とし、書き言葉も話し言葉もまたその文字化されたものも含むものであるという立場に立っています。さらに、メイナード (2004) は、談話を「進行中の主体と相手との相互行為」(p. 13) と捉え、「私達は、主体のアイデンティティ表現としての言語、具体的には、自己の叫び声として聞こえるその言語の表情を捉え、理解しなければならない」(p. 281) と述べています。

　また、コミュニケーション能力を教室での実践で、どのようにして伸ばしていくかという点で大きな功績を残したSavignon (1997 草野・佐藤・田中訳 2009) は、談話能力とは「意味のある統一体を構築するために、一連の

文や発話を解釈する能力、そして与えられたコンテクストに関連する一貫したテキストを完成する能力」(pp. 52-54) であると定義しています。さらに、文と文との間の連結関係ははっきりしているわけではなく、あるコンテクストの経験に基づいて、読み手や聞き手が意味を推測することによって談話がつくられていくと述べています。

こうした先行研究を踏まえたうえで、本章では談話を話し言葉と書き言葉の両面から捉えることとします。筆者は、初級スタート時点から談話教育をすることが重要だという考えのもと実践を行っていますが、実は、教育現場では談話教育においていくつもの課題を抱えています。その課題解決に向けて、教育実践においてどういった点に気をつけなければならないのかについて論じます。

❸ 初級レベルの談話教育を妨げるもの

3.1 「主役は文型」という考え方がもたらす弊害

教育現場で使用されている初級教科書を取り上げ、どのような会話が提示されているかを見てみることにします。

 (3) A：今晩　飲みに　行きませんか。
   B：すみません。きょうは　妻と　約束が　あります。
    ですから、早く　帰らなければ　なりません。
      （『みんなの日本語初級Ⅰ　本冊（初版）』p. 138）

ここで、「教科書は正しい／教科書にあるから学ばなければならない」といったスタンスを捨て、この発話について批判的に見てみたいと思います。実際の場面で、ご飯を食べに行こうと誘われて、「すみません。きょうは妻と約束があります。ですから、早く帰らなければなりません」と言って断るケースはいったいどんな場面で起こるのでしょうか。

この発話では、一応「すみません」を付けることで丁寧さが出ているように見えますが、実際の場面では、すぐに「すみません」と切り出すより、ま

ずは「あのう／ああ」などのフィラーが入ることのほうが多いと思われます。フィラーもなく、突然「妻との約束」を持ち出し、「ですから」という接続詞を使って断ることは非常に不自然です。もし、実際にこの発話で断ったとしたら、相手に冷たく、失礼な印象を与えてしまいます。

(3) の会話例に関しては、2012年の改訂にあたり、Bの発話が、「すみません。あしたからホンコンへ出張しなければなりません。ですから、早く帰ります。」(『みんなの日本語初級Ⅰ　第2版　本冊』p. 144) に変更されています。確かに、出張することに対して「～なければなりません」を使うなど、改善されてはいますが、解決されていない点として、「ですから」が相変わらず使われていることや、フィラーに目が向けられていないことなどがあげられます。

実は、この課で学ぶ学習項目は「ない形」「～ないでください」「～なければなりません」「～なくてもいいです」であり、(3) の会話例も「ない形が導入され、ない形を使った文型練習をするための談話練習」という位置づけになっているのです。つまり、「文型が主役」であることから、場面や文脈が軽視された不自然な会話を生み出していると考えられます。また、こうした会話例を見ても、教師や学習者は「教科書に書いてあることは正しいこと」と考え、あまり疑問を抱くことなく粛々と学習が続けられることになってしまうのです。

教師研修などでこの例文を提示すると、会場から笑いが起こるのですが、「じゃあ、皆さんは、これをこのまま教えるなどということはしていませんよね。なんらかの手を加えていますよね」と言うと、勇気ある何人かから「告白します。そのままやっていました。今、こうして違う目で見て、はじめてそれが実際のコミュニケーションからいかにかけ離れたものであったかということに気づきました」という答えが返ってきます。これは、「文法が主役」の教科書を使い、単に「文型練習のための談話練習」をしていることによって起こる弊害と言えます。

こうした「文型のための談話練習」ではなく、状況・文脈を重視し、フィラー、終助詞などに十分に配慮した「談話のための談話練習」を、初級段階から考えていくことが重要です。もちろん、「そもそも『～なければならない』

という文型は、初級の談話教育に必要ではない」という意見も出てくることと思います。しかし、言語的知識として学ぶ必要があるとすれば、それなりの場面・状況設定と、会話の味付けが求められてきます。味付けにはいろいろな種類がありますが、本章第4.1節および第5.1節では、フィラーと終助詞に焦点を当てて述べることとします。

3.2　プロフィシェンシーの視点が欠けていることの弊害

　2つめの課題として(2)において「いくつかの文からなる、ある長さをもった談話を作り出す力」を養うことを軽視している点をあげました。「いくつかの文からなる、ある長さをもった談話」を、本章では「固まり」と呼ぶことにします。

　実は、初級教科書や教室での授業を見ると、(4)のようなAとBの間での1文(または2文)でのやりとりが続いています。活動として「スピーチをする」ということになると、「固まり」ということに注目するのですが、平常の授業ではほとんど注目されていません。これは、「主役は文型」であり、「習った文型を使った会話練習」に目が向けられがちであることも1つの原因であると言えます。

```
(4)　A：趣味は何ですか。
　　 B：写真を撮ることです。
　　 A：どんな写真を撮りますか。
　　 B：花の写真です。
　　 A：どんな花が好きですか。
　　 B：桜の花が好きです。きれいですから。
```

　ここで、「固まり」ということについて説明を付け加えておきたいと思います。ACTFL-OPIには、1.総合的タスクと機能、2.場面/話題、3.正確さ、4.テキストの型、以上4つの評価基準がありますが、ここではテキストの型について触れることにします。『ACTFL-OPI試験官養成マニュアル』(1999)によると、「テキストの型という用語は、被検者が作り出す発話の量と構成

面を指す」(p. 39) ものであり、段落について次のように説明しています。

> (5) 段落に関して、長さは重要な要素の1つではあるが、単にそれだけで決まるものではない。例えば、ある1つの話題について述べていても、相互に関連のない文が並んでいるだけでは、段落として成立しない。段落になっているかどうかを決定する要素は、むしろ、発話における内的な完結性である。それは、計算された順序立てに従って、考えや情報を述べていくことによって初めて可能になる。
>
> (『ACTFL-OPI試験官養成マニュアル』1999)

段落構成には、結束性 (cohesion) と一貫性 (coherence) が重要です。構造的に文や節の表層的なつながりに関することを結束性といい、意味的な観点で見ていくのが一貫性の問題です。ここで述べている「固まり」とは、段落の前段階のもの、すなわち単に文をいくつか重ねた羅列文や、段落の萌芽が見られる「準段落」などを指しています。「準段落」に関して嶋田 (2008b) は、次のように説明しています。

> (6) 「準段落」とは、段落の萌芽が見えるものの、結束性または一貫性において十分ではないものを指しています。……(中略)……なおOPIリサーチグループ (1996:85)[1] では「段落になりきれない発話」を「準段落」と呼んでいます。
>
> (嶋田, 2008b, p. 185)

ところで、結束性や一貫性を持った段落構成力は、それぞれが1文か2文を発する＜A→B→A→B＞といったやりとりを重ねていくだけで習得できるわけではありません。もちろんこうしたやりとりが基本になり、それが積み重なって段落構成力が伸びてくるのですが、「固まり」で話すことを初級

---

1) 伊藤とく美・荻原稚佳子・北澤美枝子・齊藤眞理子・堀歌子・増田眞佐子・米田由喜代 (1996) のこと。

段階から始める必要があります。しかし、教育現場では「初級レベルは文型を中心としたやりとり練習。段落の勉強は中級になってから」という考え方が広く行き渡っています。

　次の (7) の例は、初級前半のクラスでよく見られるやりとりです。自分の意見を言うためには「～と思います」は、とても便利な表現なのですが、単なる文型練習や、それを応用した練習といったかたちで終わってしまうケースが多々見られます。

(7)　A：日本の交通についてどう思いますか。
　　　B：とても便利だと思います。

　その課の学習目標が「簡単に自分の意見を述べることができる」であり、それを達成するためにタスクや教室活動をやっているのだから、目的は達成していると主張されるかもしれません。しかし、こうした単なる1文のやりとりにとどめるのではなく、できれば、さらに発展させて「固まり」で話す力をつけるという視点を持つことが重要なのです。

(8)　A：日本の交通についてどう思いますか。
　　　B：とても便利だと思います。
　　　A：そうですか。どうしてですか。もう少し詳しく教えてください。
　　　B：電車や地下鉄やバスなど、いろいろなものがありますから、便利だと思います。時間はあまり遅れません。それから、夜遅くまでありますから、とても便利です。私の国では、車は多いですが、電車は少ないです。ちょっと不便だと思います。

　そもそも学習者には語りたいことがあり、それを実現するために文型・語彙を学ぶのです。「私の言葉は私 (My Language Is Me)」(Savignon, 1997 草野・佐藤・田中訳 2009, p. 208) を重視し、他者との関わりの中で言語教育を考えることによって、学習者は、たとえ練習段階であっても、「自分のことを語る／語り合う」ことの楽しさを知ることができると言えます。けっし

て語彙・文型の基礎的な単純練習を軽視しているわけではありませんが、まずは学習者自身の言語活動があり、それを達成するために必要な文型・語彙があり、それを活用して言語活動を行うために練習をしているということを忘れてはなりません。

こうした「自分のことを語る／語り合う」ためにも、また描写、叙述、意見述べといった力をつけていくためにも、初級スタート段階から「テキストの型」をプロフィシェンシーの視点で意識していくことが重要であると言えます。

❹ 初級におけるより良い談話教育をめざして

前節では、初級における談話教育を妨げていることについて見てきました。本節では、より良い談話教育をめざすには、いかなることに留意すればよいかについて考えます。

4.1 フィラー、終助詞などに注目：いきた場面・文脈の中で学ぶ

(3)の会話例で出てきた「〜なければなりません」は誘いの場面ですが、実生活において誘いに対する返答として、「〜なければなりません」という文型をそのまま使うことはほとんどありません。たとえ使うとしても、フィラー、言いさし、「〜んです」などを使うことで自然な発話となってきます。そもそもこの文型は、初級前半では聞いて理解できればいい文型としても、使うことが求められる文型としても、あまり必要がありません。しかし、言語的知識の保障という点で取り上げなければならないとすれば、それなりの工夫が必要です。場面・トピックシラバスと文法シラバスの融合を図った教科書『できる日本語』では、「〜なければなりません」を(9)のように扱っています。

(9) 　A：あ、Bさん、シートベルトをしなければなりませんよ。
　　　B：あっ、そうなんですか。知りませんでした。
　　　　　　　　　　　　　　（『できる日本語　初級』第14課, p. 244）

ここでは(3)に見られるような誘いの場面で自分自身の義務を表す「～なければなりません」を出すのではなく、ルールを表す「～なければなりません」が提示されています。「～なければなりません」を学ぶ際にルールを先に出すのは、ルール説明の場面・状況は客観的であり、どの人にもわかりやすいという点があげられます。なお、個人的なことを表すものは、『できる日本語　初中級』「第3課　夢に向かって」において、(10)のようなやりとりの中で学びます。

(10) A：あ、頑張っていますね。
　　 B：来月、大学の入学試験を受けるので、勉強しなければならないんです。

（『できる日本語　初中級』第3課, p. 51）

　さらに、Bがどのように答えるかも重要なポイントです。それは、たとえ文型練習であっても、それは人とつながることをめざした日本語学習であり、相互の関係性が重視されるからなのです。(9)の例を見ると、単に「はい」と答えるのではなく、「ああ、そうなのか。知らなかった」という気持ちが表れている発話となっています。
　また、Aの発話における「あ、」「よ」に注目してください。実は、これがあるからこそ他者との関係性の構築につながります。単に「Bさん、シートベルトをしなければなりません」という会話文と、「あ、Bさん、シートベルトをしなければなりませんよ」とでは、大きな違いが出てきます。モデル会話だけではなく、いわゆる「口の練習」「単純練習」といわれるドリル的なものであっても、フィラー、終助詞に十分に配慮した教育をすることが重要です。それは、他者との関係性という意味で、極めて重要な意味を持ってきます。
　「あ、」「よ」は一般には「付属品」のように捉えられがちですが、人とつながる重要な要素となります。しかし、これらは授業実践では多くの場合切り捨てられているのが現状です。
　もちろん、授業においては他者とのやりとりの中では「～なければなりま

せんよ」と終助詞が付きますが、単にルール説明をする際や、書き言葉では使用しないといったことも、同時に学んでいくことが大切です。常に場面・状況があり、談話は「進行中の主体と相手との相互行為」(メイナード, 2004, p. 13) であるからこそ、こうした学びが可能になると言えます。次に共感を示す終助詞「ね」について考えてみましょう。

(11) A：ソウルは、今暑いですか。
　　　B：はい、とても暑いです。

(11) は、形容詞の学習を進めるための会話練習としてよくあるパターンです。実は、こうした単純練習においても、談話は相互行為であることを意識して練習することが重要であり、次のような配慮が求められます。

(12) A：暑いですね。
　　　B：そうですね。
　　　A：Bさんの国も、8月、暑いですか。
　　　B：いいえ、あまり暑くないです。

（『できる日本語　初級』第4課, p. 78）

　まずは、A、B双方が「暑いということ」を共感し合い、そのうえで会話を進めることが重要です。「暑いですね」「そうですね」の「ね」は、共感の「ね」ですが、もちろんこの段階で、そのための説明をするわけではなく、場面・文脈の中で学習者は学んでいくことができるのです。このように初級スタート時点から場面・文脈に適したかたちで終助詞やフィラーを学んでいくことが重要であると言えます。
　西郷 (本書第5章) は、(13) の例のように学習者のネ、ヨの使用の少なさについていくつかの報告をあげていますが、これは、初級授業での終助詞への注目度の低さや教科書での取り扱い方に原因があると考えられます。まさにスタート時からの談話教育のあり方が問われているのです。

(13) 池田のこの報告には重要な点が2つあります。まずは、来日してから2年以上の日本語学習を経たあともネの使用が限られている、そしてヨの使用が皆無だという点です。

(本書, p. 117)

　もう1つ、「〜ないでください」という文型を取り上げてみましょう。この文型は初級レベルの学習者の場合、どんな場面で使っているでしょうか。もちろん理解が求められる文型としては、「博物館では写真を撮らないでください」「試験には遅れないでください」といった表現を耳にすることがありますが、学習者自身が使うとなると、場面は非常に限られており、本来初級レベルでは使用すべき文型として取り上げる必要はないと言えます。しかし、言語的知識の保障ということで扱うとしたら、どんな場面が考えられるでしょうか。例えば、校外学習でバスツアーに出かけた場合、クラスのリーダーが「〜ないでください」という表現を使う場面は考えられます。

(14) A：あ、リンさん、危ないですから、窓から手を出さないでください。
　　 B：あ、すみません。

　このようなやりとりをする際に大切なことは、Bの発話にも焦点を当てることです。すなわち、実際の場面では、係員やガードマンなどが使うことが多い「〜ないでください」は、初級前半の談話教育という観点から考えると「〜ないでください」という文型が使えるように練習することが重要なのではなく、それを受けたBの発話に焦点を当てることが求められるのです。この状況において、「あ、すみません」と自然に口をついて出ることこそ重要であり、「あ、」も、談話において重要な意味を持ってきます。実際の会話では、相手の発話を聞いたあと、「そうですか」という相手の受け止めがあり、会話は進んでいきます。コミュニケーション場面では、「へえ、そうですか」「えっ、そうですか」「あっ、そうですか」「ああ、そうなんですか」と、さまざまなパターンで相手の発話を受け止めています。しかし、教室における「口の練習」では無機質なやりとりが行われているのが現状です。

4.2 「固まり」で話すこと重視：対話力アップを図る

　「自分のことを語る／語り合う」ことの重要性についてはすでに述べました。次に、教室は学習者自身が考えを述べ、他者の考えに耳を傾け、対話をする場であるという考え方がいかに大切か、そのためにはどういう力をつけることが求められているのかについて述べることとします。いくら既習の語彙や文法項目が少ない初級レベルであっても、教室を単なる文型練習の場にするのではなく、互いの意見を伝え合い、語り合う場であるという捉え方をすることで、授業の意味づけが大きく変わってきます。学習者自身が「日本語で自分の考え・思いを表現したい」という気持ちを抱き、「学習者の気持ちに火をつける」のが教師の役割なのです。

　しかし、気持ちや考えを伝えていくためには、一問一答式のやりとりを中心にした授業だけでは十分ではありません。そこで、大切なのが「固まり」で話すことに向けての練習であり、それが対話力アップへとつながっていくのです。嶋田（2012）は、対話とは「異なる価値観の人とのやりとりの中で、他者理解と同時に自己理解を図り、新たな価値観の創造を目指す」(p. 144) としています。多田（2006）は、対話に求められるものについて、次のように述べています。

> (15) 対話とは言語や非言語により、相手とコミュニケーションを行い、共有できる価値観や概念を生み出していく行為である。語り合いによって何かを生み出すことを目的とした対話では、伝えるものを明確に伝え、相手の言いたいものを的確に把握することが必要である。(pp. 1-2)

　談話教育には、短い1文、2文程度のやりとりをする力をつける教育もあれば、自分の考え・思いを明確に伝えていくために段落構成能力をつける教育もあります。ところが、初級の教育現場に目を向けると、いわゆる文型導入から始まった「やりとり」中心の会話教育に力を注ぎ、段落構成能力を磨くという視点はまだまだ希薄であると言えます。具体的には、初級から「固まり」で話すことを意識していないということが大きな問題点としてあげられ

ます。

 (16)　A：あのう、ちょっとここに座ってもいいですか。
   B：すみません。ちょっと友達が来ますから……。

　こうした「やりとり」も重要ですが、初級スタート段階からACTFL-OPIでいう「テキストの型」を意識し、「固まり」で話すことに慣れ、次第に「羅列文→準段落→段落」へと進化していく過程を意識していくことが大切です。
　また、「自分のことを語る／語り合う」ことが実現されるためには、学習者主体の授業であることが必須です。さらに、教室自体が1つのコミュニティであり、それが外のコミュニティとつながったものでなければ意味がありません。教室において、それぞれの学習者は、コミュニティの一員であり、その背後には、それぞれ外の生活空間があり、それと教室での実践がつながっていてこそ学びが活性化されることになります。それは、1課が終わったから、そこで習ったことを使ってミニスピーチをして、「自分を語る」ということではありません。もちろんそうしたことも「ある1つの活動」として含まれますが、そもそも授業全体において学習者が「自分のことを語りたい」「自分ならこう言う」という思いを持つことが重要なのです。さらに、その思いを実現するためには、場面や状況の中で言語的知識を磨くことも重要ですが、それと同時にあるまとまった考えや思いを明確に、論理立てて話すという力も求められてきます。そこに、初級レベルから「固まり」で話すこと、すなわち「テキストの型」を意識した学習の必要性があると言えます。
　ここで、ACTFL-OPIで述べられている「単語・句→文→段落→複段落」という「テキストの型」についてもう一度触れておきたいと思います。それは、その言語を使って何がどのようにできるのかというプロフィシェンシーの視点で談話能力を考えること、何ができるとさらに上のレベルに行けるのかというタテ軸で考えることは、とても重要だからです。『ACTFL-OPI試験官養成マニュアル』(1999)では、中級話者の「発話を作り上げる」こと

に関しては(17)、上級話者[2]に求められる「段落」については(18)のように記されています。

> (17) 発話を作り上げるという力が、中級話者と初級レベルの話者を分ける一番大切な能力である。つまり、きちんとわかってもらえる文章や質問文を自分の言葉で明確に伝えることができるかどうかということである。(p. 114)

> (18) 「段落」という用語は、主に書き言葉の文章構成について用いられることが多いが、話し言葉に関して使う場合にも役立つ用語である。段落に関して、長さは重要な要素の1つではあるが、単にそれだけで決まるものではない。……(中略)……段落になっているかどうかを決定する要素は、むしろ、発話における内的な完結性である。(p. 110)

こうした力を伸ばしていくことをめざして、初級レベルから「固まり」で話をすることも進めていくことが重要であると言えます。

❺ 談話教育の視点から教育実践を見る

談話教育から見た教育現場における問題点、さらに実践においてどういう点に留意すればよいかについて述べてきました。ではここで、これまで初級において軽視されてきた2つのこと「フィラー、終助詞」「固まりでの産出」を中心に、どのように実践を展開していけばよいかについて考えていくことにします。

5.1 フィラー、終助詞などを「名脇役」として扱う：「談話」は生き物！

すでに述べたように、現場では「ゼロからスタートした学習者は、まず言

---

[2] ACTFL-OPIでいう初級、中級、上級と、いわゆる日本語クラスでのレベルとは異なります。例えば『できる日本語　初中級』では、ACTFL-OPI「中級−中」を目標としています。

葉や文型を覚えることが大切」といった考え方が主流であり、「フィラー」「終助詞」などは、まるで余計なもののような扱われ方をしてきました。定延（2013）は、フィラーには、第一のフィラー観＝ゴミとしてのフィラーと伝達論的なコミュニケーション論、第二のフィラー観＝道具としてのフィラーと目的論的な発話観、第三のフィラー観＝あからさまにする行動としてのフィラーと状況論的コミュニケーション観、という3つのフィラー観がある（pp. 10-25）と述べています。こうした3つのフィラー観はいずれも、教師としてフィラーを考えるにあたって大切なものであると言えます。しかし、定延はさらに、第一、第二のフィラー観を乗り越えた第三のフィラー観に到達することの重要性に言及しています。ここで、教育現場における談話教育の課題を考えるときのヒントとして、定延（2013）の言葉を紹介したいと思います。

(19) フィラーに対する第3の見方とは、フィラーを、心内行動を「意図的に伝達する」表現としてではなく（演技によるものであろうと本心からのものであろうと）「あからさまに行う」行動としてとらえる見方である。そもそも母語話者にとってフィラーは目的達成のために「使い分ける」ような意図的なことばではない。

(定延, 2013, p. 22)

本来は、より詳細に説明すべきところですが、紙幅の関係上、ここで実践の話に戻ります。詳しくは定延（2013）「フィラーは『名脇役』か？」をご覧ください。

実は、教育現場では、フィラーには無頓着であるケースが多く、フィラーの重要性に気づいたとしても、それを「教える、説明する、学ばせる」という姿勢である場合が多く見られます。そこで、次のようなことをお伝えしたいと思います。

(20) ・フィラーは重要であり、初級スタート時から学ぶことが大切である。初級ではまず文型や語彙の学習に集中し、談話教育

はそのあとでというのは間違いである。
- 「モデル会話で扱っている」といった考え方は捨てるべきである。いわゆる「口の練習／ドリル」といったときにでも、自然に出てくるような　仕掛けが重要である。すなわち、ドリル的なものであっても、談話の形式を取っていることが重要である。
- 教室内での学びを外の学びとつなげるという意識が学習者にも教師にも求められる。

次に終助詞の実践例をあげることにします。(9)で「A：あ、Bさん、シートベルトをしなければなりませんよ。」という発話例をあげ、他者との関係性から終助詞「よ」が重要であるということを述べました。第4.1節で述べたように、授業において詳しい文法説明などはしませんが、学習者はその場面で、その状況で行われる談話であることから、「あ、」「よ」の意味を推測し理解していきます。さらに、例えば「じゃあ、韓国のご飯の食べ方のルールについて話してください」という中で、「一般的なルール説明には『よ』が付かない」ということを学んでいきます。(21)(22)の会話例は、実際の場面での学習者の発話例ですが、状況・文脈によって使い分けていることがよくわかります。

(21) ＜昼休みに＞※チョウさんは1週間前に来日した留学生
　　リンさん　：あ、チョウさん、それ(ペットボトル)は、こっちに捨てなければなりませんよ。
　　チョウ　　：えっ、そうですか？　ありがとう。日本は分けますか。

(22) ＜ビジターセッションで＞
　　リンさん　：日本人の若い者は、いつも、お年、人(お年寄り)に席を譲りません。びっくりしました。譲らなければなりません。本当に変と思います。

授業中、クラスに編入したばかりのチョウさんは、教師に終助詞の「よ」について質問をしました。そこから、「日本語学習を始めて2ヵ月余りというクラス」の中でおもしろい対話が生まれました。

(23) チョウ ：先生、「シートベルトをしなければなりませんよ」の「よ」は何ですか。
　　 教師　 ：「よ」ですね。うーん、何でしょう？
　　 パク　 ：「よ」を使います。教えます。親切です。
　　 チョウ ：教えます？
　　 パク　 ：友達、知りません。私、知っています。教えます。友達、「テストはいつですか」わかりません。私、知っています。教えます、「12月3日ですよ」。
　　 チョウ ：そうですか。わかりました。
　　 教師　 ：そうですね。でも、いつも「よ」を使ってはダメです。私はわかりますが、友達はわかりません。だから「教えます」のときですね。

言葉を取り出して、単なる文型練習のような談話練習ではなく、状況の中で言葉を学んでいくことによって、自然に学習者同士「自分自身の声を発する」ことができる学びが可能となるのです。

5.2 「固まり」での産出を意識する：プロフィシェンシー重視

次に、初級スタート時から「固まり」での産出を意識することが重要であるということについて説明したいと思います。「固まり」での産出、特に発話を意識して作られた『できる日本語　初級』の各課に設けられたコーナー〈話読聞書〉の中から、第4課「私の国・町」を例にあげて話を進めます。〈話読聞書〉とは、これまでに学んだ文型を使って、長く「固まり」で話したり、書いたりすることをめざしたコーナーです。つまり、1文ずつのやりとりではなく、自分のことや自分の考えをある長さをもったいくつかの文で表現することが目的です。

しかし、だからといって、まだ日本語の勉強を始めたばかりの学習者にいきなり求めるのは難しい面もあります。もちろんクラスの中には、どんどん文を連ねて、表現していく学習者もいます。しかし、さまざまな学習者がいることを考え、図1の右側の吹き出しにあるように、まずは相手に聞くかたちを取っています（聞き手は、教師の場合も、学習者同士の場合もあります）。そのあと、「じゃあ、次は、1人でやってみましょう」ということで、今度は「固まり」で話してもらいます。

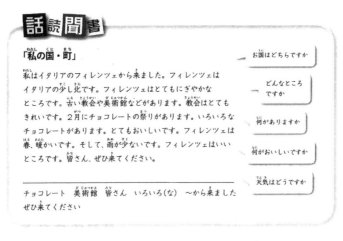

図1　〈話読聞書〉の例（『できる日本語　初級』第4課, p. 80）

　さて、次の段階として、皆さんだったら、どんなことを考えるでしょうか。私は、このあと、私自身の「私の町」の写真をホワイトボードに張りました。すると、どんどん学習者から質問が出てきました。それに答えたあと、私は一学習者という姿勢で、「じゃあ、聞いてください」と私の町について「固まり」で話をしました。「2週間前に出会ったばかりの嶋田先生。いったいどんな先生なんだろう？　先生の住んでいる町って、どんな所？」と、みんな興味津々。クラス全員、真剣に聞いている姿が印象的でした。
　では、その次の段階としては、何が考えられるでしょうか。私は、家で準備してきたシートを渡しました。そのシートには、今私が話した文章と写真

が載っています。そして、「皆さん、これは私の町の話です。家で読んでください。そして、こちら（裏）を見てください。こちらです。皆さんも家で書いてください。写真、イラスト、絵、何でもOKです。下は、皆さんの国・町のことを書いてくださいね」と学習者に伝えました。

　次の日、たくさんの作品が集まりました。そして、クラスメイトに写真や絵を見せながらのプレゼンテーションが行われたのです。このように、初級スタート時から、「固まり」で話すこと、書くことを自然に学んでいくことが重要なのではないでしょうか。

　今あげた事例は〈話読聞書〉に関するやり方の1つの例でしかありません。まずは学習者同士で話し合いをし、そのうえでシートに書き、最後に教師の事例を提示するという場合もありますし、他にもさまざまな方法があることを付け加えておきます。

　談話教育で重要なことの1つとして、タテ軸で考えることが挙げられます。これは「初級だから、今はこれを学べばいい」と、そのレベルのことだけを考えるのではなく、全体像の中で、「今、何を学べばいいのか。上のレベルに行くには、何を、どうすればいいのか」と考えていく姿勢です。もちろんこれは日本語学習のすべてに当てはまるのですが、特に段落構成能力という点では重要であり、教師が意識すること、教科書においても具現化することが重要になってきます。

　初級から上級まで、どのような日本語力を習得することが求められるのか、全体像を考えたうえで作成された『できる日本語』[3]を、1つの事例として取り上げてみます。まずは、表1のように、各課の共通テーマがあり、それに沿って各レベルの課の内容、つまりテーマや学習項目などが考えられています。さらに、表2を見ると、そのテーマでの「できること（Can-do statement）」が、スパイラルに伸びていくように作られていることがわかります。また、『できる日本語』には、図1で示した〈話読聞書〉がすべての課にあり[4]、ここで、

3）　出版物としては、初級、初中級、中級の3レベルの教科書と副教材が発行されています。

4）　初級と初中級では〈話読聞書〉ですが、中級では〈伝えてみよう〉になります。それは、「チャレンジするタスク」の種類が、初級と初中級では1種類だけでしたが、中級になると4種類となることによります。中級の「チャレンジするタスク」とは、〈こんなときどうする？〉〈見つけた！〉〈耳でキャッチ〉〈伝えてみよう〉です。

羅列文や準段落から、やがては「段落」で話すことを学び、その楽しさを実感していきます。さらには、スパイラルに展開することで、達成感を得ることができると言えます。

表1　テーマのスパイラル展開

課	共通テーマ	初級 →	初中級 →	中級
1	出会い	はじめまして	新しい一歩	新たな出会い
2	消費生活	買い物・食事	楽しいショッピング	楽しい食事・上手な買い物
3	計画	スケジュール	私の目標	時間を生かす
4	私がいるところ	私の国・町	住んでいる町で	地域を知って生活する

表2　第4課「できること (Can-do statement)」

中級	地域を知って生活する	地域の暮らしに必要な情報を得て、快適な生活を送ることができる。
初中級	住んでいる町で	日本の生活を楽しむために住んでいる町の情報を教え合って、その情報をもとに行動することができる。
初級	私の国・町	簡単に自分の出身地について友達や周りの人に紹介することができる。

　ここで、学習者 (タイ・男性) の実際の作品[5]を通して、タテ軸に展開する学習の例を見てみたいと思います。図3は、『できる日本語　初級』第4課で書いた作文です。この課では、まず「固まり」で話したあとに、宿題として作文を提出してもらいました。

　図4は、同じ初級レベルでの定期試験「作文科目」の答案[6]です。20分で辞書を見ずにここまで書くことができるようになりました。「自分の考えを

---

5) この2つの作品は、本人の許可および担当した教師の許可を得ています。
6) 初級第13課あたりで定期試験となりました。

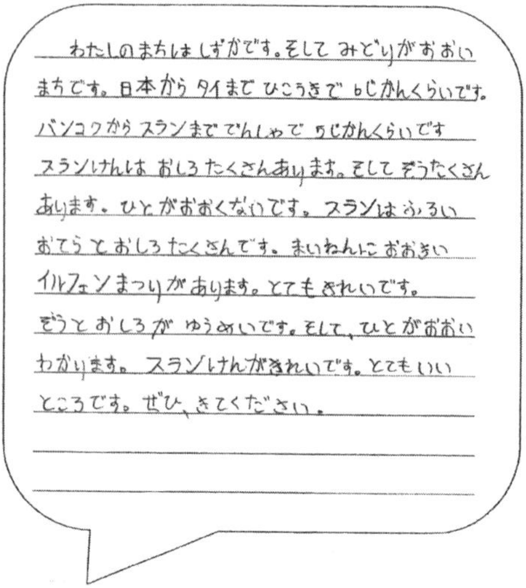

> わたしのまちはしずかです。そしてみどりがおおい
> まちです。日本からタイまでひこうきで7じかんくらいです。
> バンコクからスランまででんしゃで7じかんくらいです
> スランけんはおしろたくさんあります。そしてぞうたくさん
> あります。ひとがおおくないです。スランはふるい
> おてらとおしろたくさんです。まいねんにおおきい
> イルフェンまつりがあります。とてもきれいです。
> ぞうとおしろがゆうめいです。そして、ひとがおおい
> わかります。スランけんがきれいです。とてもいい
> ところです。ぜひ、きてください。

図2　初級第4課「私の国・町」で書いた作文

[試験] 下のテーマの中から1つ選んで、400字くらいで作文を書いてください。
選んだテーマに記号をしてください。

☑ 私の国・町　　□ 私の大切な〇〇　　□ 好きなこと

　私はタイから来ました。タイではいろいろな町はとてもきれいです。私はタイのスランにすんでいます。スランはしずかなところですがいいところです。スランはぞうがたくさんいます。毎年スランでおまつりがあります。おまつりはとてもきれいです。でも人が多いです。ですから道にこんでいますから。そして私の町はみどりがたくさんあります。けしきがとてもきれいです。休みの日もとてもぜんとしといっしょにあそびに行きます。それからしょしんにいきます。とてもきもちがよかったです。そして私の町は大きな川があります。川はさかながたくさんいます。時々私はおよぎに行きます。私の町はおてらがたくさんあります。とくに古いおてらです。とてもきれいなおてらです。休みの日人が多いです。
　みなさん私の町はとてもきれいですよ。日本からスランまでひこうきで6時間くらいです。をしてバスで4時間くらいです。ですがみなさんぜひ来てください。
　　　　　　　　　ありがとうございます。

図3　初級レベルでの定期試験「作文科目」の答案

長く話す」ことを毎課やっていく中で自然に「固まり」で話す、書くことに楽しさを覚えるようになっていきます。

　プロフィシェンシーを意識して、タテ軸で学習者の学びを捉えることはとても重要です。「どうすれば、さらに上の段階に行くことができるか。何ができれば、次の段階に行けるのか」といったことを考える談話教育の実践では、教室内での学習者（および教師）間での対話のみならず、クラスの担当教師間の対話やレベルを超えたタテ軸の担当教師間の対話も生まれてきます。こうして、プロフィシェンシーを重視した談話教育によって、対話力をアップすることにもつながっていくのです。

　ここで、中級クラスの学習者Aが書いた「ガンダム　大好き！！」という作文を紹介します。

(24)

> 　私は日本のアニメ「ガンダム」が大好きです。「ガンダム」というのは大きな機械で戦う物です。「ガンダム」はいろいろなシリーズがあるので、いろいろな機体や物語があって、特に戦争ではなく、対話によって解決することを大切にしています。
>
> 　中学生のころから今までずっと注目しています。もちろん「ガンダム」がきっかけで、日本のアニメに興味を持つようになりました。国にいたとき、こつこつと小銭をためて、ガンダムの模型を買ったのですが、そのとき、本当にうれしかったです。そして、友達が集まるとよくガンダムの話をしていて、「日本のお台場のガンダムを見たいなあ」と思いました。
>
> 　「ガンダム」を見ると、物事を解決する方法とは、戦争ではなく、対話することで、話し合うことが大切だとよくわかります。今、日本と中国はあまり関係がよくないです。でも、もし両国がもっと対話すれば、必ず関係がよくなると信じています。力を合わせて、ともに未来を造っていきましょう。

初級から対話を意識した授業を受けていた学習者Aは、発話においても作文においても対話の重要性を意識していることがうかがえます。授業後、担当教師がAに聞いたところ「『会話』はただのおしゃべりだけど、『対話』はお互いが理解し合うために、相手のことがわかるまでしっかり話すこと」という答えが返ってきました。こうした自分の考え・思いを発することを大切にした教室作りこそが、今、求められているのではないでしょうか。

　ここで、学習者の生の声を少しご紹介することにします。A〜Eの学習者はすべて異なる学習者であり、A〜Cは、第1課（AとBは初中級「新しい一歩」、Cは中級「新たな出会い」）の最後に自己紹介をICレコーダーやDVDで収録した際に担当教師がヒアリングしたものです。DとEは、それぞれ第6課「地図を広げる」、第17課「働くということ」を学習しているときに担当教師が聞いた言葉です。

(25)

> **A**　初中級スタート時
> 録音してあとで聞きます。ちょっと恥ずかしいです。でも、もっと勉強したあとで、自分の話をもう一度聞くと、「今はもっとうまくなった」とわかります。それは、とてもうれしいです。

> **B**　初中級スタート時
> 自己紹介をもう一度、もっといろいろな言葉で話しますから、自分でびっくりします。勉強したら、またもっと上手に自己紹介できると思います。だから、勉強がすごく楽しくなります。

> **C 中級スタート時**
>
> 初級、初中級の声を聞いて「あのときは、これぐらいしか話せなかったんだな」と思いました。今は、もっと上手になったと思います。でも、あと半年したら、私の日本語はもっと上手になるかもしれません。

> **D 中級前半**
>
> 前に自分が書いた2つの作文を見て、「へえ、ずいぶん長く書けるようになったんだなあ」と、びっくりしました。初級のときから、「自分の言いたいことを人に伝えたい」という気持ちがありましたから、今はとても楽しいです。自分の言いたいことがたくさん言えるようになりました。

> **E 中級後半**
>
> 最初は自分のことを話すことから始まりましたが、今はいろいろ社会のことがわかって、話をすることができるのが楽しいです。日本語の勉強を通して、自分の世界が広がっていったというか……。日本人ともいろいろな話ができるようになってうれしいです。

❻ 今後の課題：3つの提言

　初級から談話教育を考え、効果的に実践していくには、まずは教師の意識改革が求められます。その際に重要なこととして、「適切な教科書を選択する力を持つこと」「選択した教科書を、適切に使う力を持つこと」「実践を共有するために伝える力を養うこと」などが挙げられます。いかなる教科書も教師の使い方次第であり、「教科書を教える」のではなく、「教科書で教える」と言われているとおりです。しかし、実際には、まだまだ批判的に見る目を持たず、与えられた教科書をもとに、学習者に知識を教え込んでいるケース

が多いのではないでしょうか。

　今後、教育現場において談話教育への関心がさらに高まっていくためにも、教科書の選択・活用上の課題を共有し、さまざまな「対話」を進めていくことが求められています。その中でも特に、多様な現場における教育実践を共有することによって、教師の気づきが生まれ、意識改革が進んでいくと考えます。

　最後に、初級から談話教育を考えるにあたって教師や支援者が考えるべきポイントを改めて記し、本章を終えることとします。

提言１：教材や教育実践を批判的に見る

　「教科書に書かれていることは正しい」という思い込みを捨て、「はたしてこの場面でこんなことを言うだろうか」といった視点で見ていくことが重要です。そのためには、「実際の接触場面・母語場面でどのようなコミュニケーションが行われているのだろうか」と、教室の外に目を向ける必要があります。また、教室の中を「談話教育の場」とする工夫が求められており、そのためには、まず使っている教材、自分自身の教育実践を批判的に見ることが重要です。

提言２：他領域・他分野との接点を大切にする

　「日本語教育は自分たちのテリトリーの中だけで動き回っている」という言葉をよく耳にします。実は、日本語教育はさまざまな領域・分野と深い関係性をもって動いているのですが、実際には狭い範囲で行われているようです。今後談話教育を考えるにあたっては、接触場面・母語場面を重視して、幅広い視野で行うことが求められています。「談話教育」は＜そこにあるもの＞として捉えるのではなく、＜常に変化し続ける生の素材を扱うもの＞という捉え方が重要です。多様な日本語教育・支援が求められている今、他領域・他分野との連携、協働を進めることがより良い談話教育の実現につながっていきます。

提言３：「学び」を他者と共有し、実践研究を育てる

　批判的に教材や教育実践を見つめ直しても、自分自身の課題、内省に終わってしまっては、小さな学びで終わってしまいます。談話とは他者と作り上げる行為であり、それを教育という視点から考えるには、他者と伝え合うことが重要です。教育実践を客観的に見つめ、その結果を実践に反映させるという「理論と実践の往還」が教育実践をより良いものに変えていくことにつながります。それは、「個人の知見」を「組織の知見」に変えるプロセスとなり、日本語教育全体の底上げにつながっていくと言えます。

参考文献
伊藤とく美・荻原稚佳子・北澤美枝子・齊藤眞理子・堀歌子・増田眞佐子・米田由喜代 (1996).「日本語中級話者における発話分析―ACTFL-OPI 基準の具体化を求めて―」『JALT日本語教育論』1(1), pp. 79-99. 全国語学教育学会日本語教育研究部会.
佐久間まゆみ・杉戸清樹・半澤幹一（編）(1997).『文章・談話のしくみ』おうふう.
定延利之 (2013).「フィラーは「名脇役」か？」『日本語学』32(5)(2013年4月臨時増刊号), pp. 10-25. 明治書院.
嶋田和子 (2008a).「プロフィシェンシーを重視した教育実践―実生活とリンクした教室活動―」鎌田修・嶋田和子・迫田久美子（編）『プロフィシェンシーを育てる―真の日本語能力をめざして―』pp. 132-155. 凡人社.
嶋田和子 (2008b).『目指せ、日本語教師力アップ！　―OPIでいきいき授業―』ひつじ書房.
嶋田和子 (2012).「プロフィシェンシー重視の実践で育む「対話力」―日本語教育の現場から―」鎌田修・嶋田和子（編）『対話とプロフィシェンシー―コミュニケーション能力の広がりと高まりをめざして―』pp. 140-161. 凡人社.
多田孝志 (2006).『対話力を育てる―「共創型対話」が拓く地球時代のコミュニケーション―』教育出版.
メイナード, 泉子. K. (1997).『談話の分析可能性―理論・方法・日本語の表現性―』くろしお出版.
メイナード, 泉子. K. (2004).『談話言語学―日本語のディスコースを創造する構成・レトリック・ストラテジーの研究―』くろしお出版.

Savignon, S. J. (1997). *Communicative competence: Theory and classroom practice* (2nd ed.). New York, NY: The McGraw-Hill. [草野ハベル清子・佐藤一嘉・田中春美 (訳) (2009).『コミュニケーション能力―理論と実践―』法政大学出版局.]

The American Council on the Teaching of Foreign Languages (1999). [牧野成一 (監修)・日本語OPI研究会翻訳プロジェクトチーム (訳) (1999).『ACTFL-OPI試験官養成用マニュアル (1999年改訂版)』アルク.]

参考日本語教材
『できる日本語　初級』(2011). アルク．
『できる日本語　初中級』(2012). アルク．
『できる日本語　中級』(2013). アルク．
『みんなの日本語初級I　本冊』(1998). スリーエーネットワーク．
『みんなの日本語初級I　第2版　本冊』(2012). スリーエーネットワーク．

鼎談
「談話とコミュニケーション」

「談話とコミュニケーション」

鎌田修・定延利之・堤良一

周辺と核:フィラーからラッパーへ

鎌田:この本のみんなの論文をとおして、「談話」と「プロフィシェンシー」が非常に深い関係にあるということを再認識しています。

堤:私もそう思います。また一方で、この本ではフィラーが重要視されたり、今まで思っていたのとは違う形の談話の姿を提示したように思います。定延さんが今回提示されているものも、従来の理想的な談話観のようなものとは違いますよね。

定延:確かに違いますね。ここでは、「談話」というのはコミュニケーションの言語的側面だと考えていただくことにして、「談話観」のもととなる「コミュニケーション観」についてお話ししましょう。

私の論文の中では、ニック・キャンベル (Nick Campbell) さんというマルチモーダルな情報処理の研究者に言及しているところがありますけど、キャンベルさんには以前、神戸大学で講演していただいたことがあるんです。そのときの話なんですが、キャンベルさんは、例えば「えーと、答えはBだ」なんて言うときの「えーと」のようなことばは、コミュニケーションにとってとても大切だから、これをフィラー(編注:filler, 埋め草)と呼ぶのは英語の母語話者としてどうも抵抗がある、と言われて、講演の中で「えーと」などのことばをフィラーではなく、ラッパー (wrapper, 包み紙) と呼びかえられました。

鎌田:rapper(編注:ラップ音楽をやる人)じゃないんやね。(笑い)

定延：はい、そのラッパーじゃないんです。(笑い) それで、ああ、フィラーという用語は英語としてそこまで否定的なイメージがあったんだ、それじゃあ、キャンベルさんはこの用語はもう使われないんだなと思って講演を聞き続けていたら、「答えはBだ」のような命題を表す「通常」のことばのほうを、なんのためらいもなく「フィラー」と呼ばれるんです。これまで命題の表現の研究に集中してきた言語学者たちが居並ぶ前で。そっちをフィラーと言いましょうと [1]。

全員：(笑い)

鎌田：いや、本当に「答えはBだ」のようなことばを中心に据えないほうがいいのかもしれません。コミュニケーションにおいて周辺と核にあたるものは何なのだろうという疑問を持っています。地球において、核にあたるものはマグマだろうと思うんですが、空気や水や海などの、包み込むものがあるからこそ、核は存在できるんだと思います。そう考えると、むしろそういった「周辺」と言われている、つなぐものの存在こそが重要なんじゃないかと思うんです。地球のような単体がその形を保つためには、必ずしも中心にあるもの、つまり核が重要な役割を果たすとは限らない。周りが中心的な役割を担って一つの単位をなしていると言えます。この考えをコミュニケーションに応用して考えると、フィラー、あいづち、ジェスチャーなどは中心的なものとして捉えられないことが多いけれども、こういう話し手が自分の話をつないでいくものこそが核になっているんじゃないかな。それをなくして、いったい何が成り立つんだろうというふうに思います。

定延：情報処理の世界でも、昔はフィラーはゴミとして扱われていました。20年以上前の話になりますが、ATR((株)国際電気通信基礎技術研究所)という会社に依頼されて、この会社が開発した自動翻訳システムの能力を外部評価したことがあります。そのときに会社の方がおっしゃっていたのは、フィラーというのは実にやっかいなゴミだという

---

[1] キャンベルさんのこの措置は次の論文でも見ることができます。
　　キャンベル, ニック (Nick Campbell) (2006).「音声コミュニケーションによる気持ちのやり取り」音声文法研究会 (編)『文法と音声5』pp. 19-29. くろしお出版.

ことでした。例えば「えーと」一つとってみても、「えと」「えっと」「えっとー」「えーっと」「えーっとー」のように、いろんな変種がありますよね。これらを一つ一つ辞書に登録して「ゴミだから捨てろ」と命令しておかないと、コンピュータはこれらをゴミとして捨ててくれない。ゴミだから捨てるしかないのに、量が多いので手間がかかって本当に大変ですとおっしゃっていました。そのゴミを、今ではキャンベルさんのように宝と捉える人もいるわけです。

このようなフィラーの価値変化は、コミュニケーション観の変化とも言えます。コミュニケーションを情報の伝え合いと捉えると、「えーと」のようなフィラーは無価値なゴミにすぎませんが、今は情報処理の研究者も、必ずしもコミュニケーションを情報の伝え合いとは考えていないということです。

意図のないコミュニケーション

鎌田：定延さんの論文に「意図しない伝達」「意図しないコミュニケーション」というようなことが書かれていましたよね。あれには、私たちも目が向いていなかったし、いったいどうやってコミュニケーションが成り立っているのかということをあらためて考えさせられる内容でした。あれについて、もう少し詳しく教えていただけますか。

定延：はい。今お話ししたのは、コミュニケーションにとって「情報の伝達」が本質的なものではないということでしたが、「情報の伝達」だけでなく「意図」も、コミュニケーションにとって必須のものではないという考えがあって、私はこれに共感しているわけです。論文の中で言及した北村光二さんの他にも、やはり文化人類学者ですが菅原和孝さんがそのようなことをおっしゃっています。Aさんがあくびするところを見て、Bさんも思わず

つり込まれてあくびする、つまり「あくびがうつる」ということがあると思いますが、そういうことは、もし、「意図がなければコミュニケーションではない」と考えると扱えなくなってしまうといった例を菅原さんは挙げています[2]。たいていの場合、Aさんはあくびしようと意図してあくびしたわけではないでしょうし、Bさんも、Aさんに同調しようと意図してあくびしたわけではない。AさんのあくびもBさんのあくびも意図がありません[3]。

鎌田：Aさんが泣いて、Bさんが思わずもらい泣きするというのも、同じですね。

定延：まさにおっしゃるとおりです。わかりやすい例を追加してくださりありがとうございます。言語と違って、非言語の行動は生きている間じゅう絶えず生じているため、文化人類学や動物行動学のような研究対象に非言語の行動も入ってくる人たちは「この行動（上の例で言えばあくびや泣き）は単体で完結しているものなのか？ それとも、コミュニケーションならではのものなのか？」といった疑問に絶えず直面させられていて、それだけに「コミュニケーションとは何か？」という問題を昔から真剣に追求してきたようです。コミュニケーションにとって必須なのは「情報伝達」でも「意図」でもないという考えは、非言語行動の研究者アダム・ケンドン（Adam Kendon）の考えでもあります[4]。

言語の「機能」とか、ことばを「用いる」「使用する」「使う」とかいった言い方を、私がなるだけ避けているのも、コミュニケーションというものが必ずしも意図を必要としないと思うからです。ハサミの機能

---

2) 菅原和孝 (1996).「序論 コミュニケーションとしての身体」菅原和孝・野村雅一（編）.『コミュニケーションとしての身体』pp. 8-38, 大修館書店.

3) オオカミ同士のコミュニケーションにもあくびの伝染は観察でき、共在の期間が長いほうが伝染しやすいと言われています (Romero, Teresa, Marie Ito, Atsuko Saito, & Toshikazu Hasegawa. (2014). Social Modulation of Contagious Yawning in Wolves. *PloS ONE, 9*(8). http://www.plosone.org/article/info%3Adoi%2F10.1371%2Fjournal.pone.0105963)。

4) Kendon, A. (1982). The organization of behavior in face-to-face interaction: Observations on the development of methodology. In Schere. K. R., & Ekman, P. (Eds.), *Handbook of Methods in Nonverbal Behavior Research.* pp. 440-505, Cambridge, New York: Cambridge University Press.

は何かと言われたら、それは紙や布を切ることだ、みたいに誰でもすぐ答えることができる。でも、14歳の機能とか、秋の日の朝の機能は何かと言われたら、なかなか答えられないでしょう。「機能」ということばは、意図や目的を前提にしているところがあるので、言語の「機能」と言ってしまうと、一見すごくもっともらしいけれども、その段階で意図が当然あるものとして滑り込んできてしまうのではないかと思って、私はなるだけそう言わないようにしています。ことばを「用いる」「使用する」「使う」という言い方も、やはり意図が前提になっているような気がして、なるだけ避けているんです。

コミュニケーションとインタラクション

定延：私のこだわりをもう1つ言いますと、最近、私は「コミュニケーションする」という言い方をやめてしまっています。コミュニケーション行動は「する」ものだけれども、コミュニケーションはコミュニケーション行動ではなくて、生活の一状態だと考えているからです。例えば、私がある家にお客さんとして行ったとします。「しばらくこちらでお待ちください」と言われて、ある部屋に通された。その部屋には誰もいなかった。その時点では、私はコミュニケーションの状態にはありません。と、そこに、その家の子どもがダーっと走り込んできて私の顔をのぞき込んだ。その瞬間に、私は自分の意図とは関わりなく、子どもとのコミュニケーションの状態に入っています。それで、その子がまた、何を思ったのか、ダーっと部屋から走り出ていって私一人が部屋に残されたとすると、私はまた否応なしにコミュニケーションでない状態になっています。コミュニケーションとは「意識のし合い」という、他者との心理的な部分を含んだインタラクションが生じている状態であって、我々の生活は、コミュニケーションの状態になったり、コミュニケーションでない状態になったりする、と、こんなふうに考えています。

堤：つまり「伝え合い」や「意図」ではなくて、「インタラクション」をコミュ

ニケーションの基本に据えられるわけですね。

定延：はい。インタラクションというのはコミュニケーションにかぎらず、そもそも我々が生きていくうえで、すごく重要なものだと思っています。生態心理学のヘルドとハイン（Held & Hein）の実験で、同時に生まれた2匹の子猫を実験に使ったものがあります[5]。その実験では、1匹は容器の中を自由に動き回ることができたけれども、もう1匹はゴンドラの中に固定されていました。ゴンドラは、自由に動き回れる猫の動きに合わせて、天秤棒で動くようになっています。ゴンドラの中に固定された猫は、顔が出ていて、外の様子は全部目に入っているけれども、自分で動くことはできません（図1）。

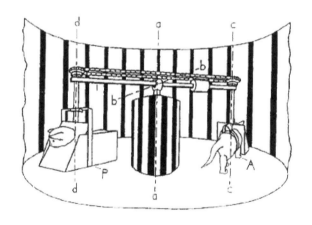

図1　Held & Hein (1963, p. 873) で示された実験装置

そうすると、自由に動き回っていた猫はふつうに育ったけれども、ゴンドラに入っていた猫は、人間が目の前に手をさっと持っていっても目をつぶらなかったり、床に穴があってもよけなかったり、高い段差を避けなかったり、つまり、目が見えていれば当然とると思われる反

---

[5] Held, R. & Hein, A. (1963). Movement-produced stimulation in the development of visually guided behavior. *Journal of Comparative and Physiological Psychology,* 56(5), pp. 872-876.

応をとるようにならなかったというんです。

この2匹の猫が視覚に関して、何が違っていたのかというと、環境とのインタラクションの有る無しです。自由に動いていた猫は、自分が1歩動けば、その動きに応じて、環境がそれまでと違った新しい見え方をその猫に返す、それを受けて猫がまた動けば、それに応じて環境がまた新しい見え方を猫に返すという具合に、環境とのインタラクション（相手からの影響に応じての影響の与え合い）がありました。一方、ゴンドラに固定されていた猫は、周囲の様子は視覚情報として網膜に伝わっていたけれども、環境とのインタラクションはありませんでした。自分が動けば、環境がそれに応じた見え方を自分に与えてくる、それに応じて自分が、というような環境とのインタラクションは、我々が生まれて以来、ずっとやってきている、ありふれたものですが、これは実は我々が生活していくうえで決定的に重要なもので、これがないと、いくら情報が網膜に入ってきても、結局ダメだということです。このインタラクションが、環境とではなく、生きているもの同士の、「意識のし合い」を含んだ形で生じるのがコミュニケーションだと私は思っています。

コミュニケーションとコミュニケーション行動

堤：インタラクションとコミュニケーションについてはわかりましたが、コミュニケーション行動とはどのようなもので、コミュニケーションとどう区別されるのですか。

定延：私がコミュニケーションとコミュニケーション行動を区別するのは、2つの理由があります。第1の理由は、コミュニケーションは、当事者たちのコミュニケーション行動だけではなくて、状況をも含んだ広い概念として捉えるべきものだということです。昔から、「コミュニケーションは状況と密接に結びついている。コミュニケーションは状況を考慮しなければ理解できない」といったことは何度も言われていますよね。だったら、コミュニケーションを最初から状況込みのもの

として考えるべきだということです。我々がことあるごとに「AはBと密接に結びついていて、AはBなしには理解できない」と言わなければならないとしたら、それは我々がAを勝手に狭く捉えてしまっているからで、Aは本来、B込みで考えるべきでしょう。

私がコミュニケーションとコミュニケーション行動を区別する第2の理由は、コミュニケーション行動、と私が呼びたくなるものが生じても、コミュニケーションが生じるとはかぎらないということです。例えば、Pさんが「もしもし」「誰かいませんか」のように発話したり、ドアをノックしたりした場合、相手のQさんが「はい」のように応じればコミュニケーションは生じますが、Qさんがいなかったり居留守を決め込んだりすればコミュニケーションは生じません。コミュニケーションが生じるか生じないかはQさん次第ですが、Pさんの「もしもし」「誰かいませんか」のような発話やノックは、行動としては変わりません。これを私はコミュニケーション行動と呼んでいます。

堤：そうすると、コミュニケーション行動は意図的なもの……

定延：だけでなくて、非意図的に反射的に発せられる「痛っ」とか「熱っ」とか、うず高く積まれた割れ物が倒れていくところを見て思わず発せられる「あーっ」とか、ため息とか、そういう行動も、「人前だ」という意識のもとで、つまり他者との意識のし合いの中で生じる場合は、コミュニケーション行動に入ると思います。

堤：非意図的に発する言語的なものもコミュニケーション行動であるということですね。

定延：はい。そう考えています。

プロフィシェンシー、教育と談話

堤：では、鎌田さんはプロフィシェンシーというものをどういうレベルで考えていますか。コミュニケーションの涵養を目的としているのか、それとも、定延さんがおっしゃったコミュニケーション行動に関することなのでしょうか。

鎌田：僕は、コミュニケーション行動に関するものだと考えています。コミュニケーション行動を遂行するためには、能力やエネルギーが必要です。それらがプロフィシェンシーの意味するものに近いのではないかと思っています。また、その涵養を考えるときには、「コミュニケーションの言語的側面である談話」の遂行が必要なのではないかと考えています。

堤：従来、プロフィシェンシーについて議論するときには、タスクというものが重要視されていました。

鎌田：はい。タスク志向とも言えると思います。

堤：この本ではタスクについて論じているものは少ないですよね。

鎌田：そうですね。むしろ、場面などを丁寧に見るものが多いように思います。

堤：他にも、定延さんの論文で挙げているタブーのように、今まで思っていたものと違うものがよいコミュニケーションとされていたりします。これは、今までもっていた談話観の変更を迫るようなものだと思います。それらをとおして考えると、プロフィシェンシーについての考えに転換があったと捉えられるでしょうか。

定延：話し方が訥々（とつとつ）としたものでも、おもしろい、魅力があるとか、そういう社交力があるというのが最終的なプロフィシェンシーの姿じゃないかなと思っています。

鎌田：そう考えると、例えば「よい授業とはどういうものか」と考えたときに、タスクを重視して議論しながら進める授業形態か、教師が一方的に話す形態かは関係なくなってしまいますね。心に触れるものがあるかどうかというのが一番のポイントなのではないでしょうか。

堤：このお話をうかがっていると、プロフィシェンシーが個人の魅力とか個々の問題になってきてしまうような気がします。それを学習者に教えていくのは難しいですね。そして、そうなってくると自分は授業をどうしたらいいか……。

鎌田：堤さんの授業はタスク重視型のものが多いんですか。

堤：一応そうですね。「今日はこういうことについて考えましょう」とか「こ

　　　　れはどうしてだと思いますか」というように、テーマや課題を設定して、それについて学生同士が話し合うスタイルです。
鎌田：以前に少し見たことがあるけど、定延さんはどっちかというと話すほうですね。
定延：はい。でも、私が授業で話しているのは「こんなこともわからないんだけど、一体どうしたらいいだろうか」というようなことで、学生に悩みを打ち明けているというか、身の上相談を持ちかけているだけなんですけど。
全員：（笑い）

堤：今回の本の大きなテーマの1つである「教育」を考えたときに、定延さんの論文に書かれていた、「こっそり教える」というのが重要なキーワードだと思っています。今までの話を踏まえて、「こっそり教える」というのがどういうことなのか、定延さんはどのようにお考えですか。
定延：論文に実例を1つ出したんですが、「言いさし」をやった学習者本人は、日本人らしくやっていて問題がないと思っているけれども、それを聞く母語話者はその魂胆を感じとっていて、嫌な思いをするということがあるようです。学習した文型を使うのと同じように、学習したとおりにフィラーを使ったり、言いよどんだり、言いさしをしたりすると、「わざとらしい人」になってしまうということです。これらは「伝えるもの」じゃなくて「漏れる、漏らすもの」なんだということは学習者にぜひ学んでもらいたいですね。細馬宏通さんという、この方も文化人類学者ですが、「身体が思考を漏らす」とおっしゃっているのは[6]、そういうことなんだろうと思います。

---

6)　細馬宏通 (2002).「思考を漏らす身体：ことばとジェスチャーの参照枠問題」『相互行為の民族誌的記述：社会的文脈・認知過程・規則』科学研究費基盤研究 (B) (1) (11410086) 報告書. pp. 149-162.

鎌田：平田オリザさんがよく使う例で、電車で座りたいときに、一人がぎりぎり座れるかどうかというスペースだけが空いている場合、どうするかという話があります。そういうときに、何もことばを出していなくても座りたい気持ちがわかるということもあるように思います。

定延：座りたいという気持ちが「漏れ」ているわけですね。

堤：西郷さんの論文は終助詞の「よ」「ね」について書かれたもので、「よ」「ね」のようなものは、ある程度明示的に教授すべき類のものだと言っています。私もそう思うのですがどうでしょうか。明示的に教えることによって、学習者がそれを使うと、定延さんの言うようなことが起こるのかもしれません。ただ、フィラーのようなものから終助詞のようなものまで、取り扱い方に幅があるのかなと思っています。

定延：例えば、「明日は晴れですよね。」に現れる「よ」「ね」は教えられるべきものだと思うんです。これは、学習者が「学習しました」という感じで使っても問題ないと思うんです。一方で、ちょっと逡巡したあとに聞く場合の、「明日は晴れです……よね。」はどうでしょうか。「ね」にしても同じことだと思います。例えば売店で、「え、これで300円て、どういうこと！」と詰め寄るように言ってきた客に対して、店員が「私も個人的にはおかしいと思ってるんです。だから私を攻撃しないで」という気持ちで発する、"味方宣言"の「ねぇえー（低～高～低）」というのを、学習者が教室で一斉に「ねぇえー」と発音練習して、それを実際の場面で嬉々としてやっても……。

鎌田：うん。理屈でやっててもだめだろうね。

定延：こういった高等な韻律、フィラー、終助詞などは「漏らし」てほしいところだと思います。学習者が文型とか語彙とか発音とか、他のことがうまくない状態では、「漏らし」が「漏らし」として認知されにくくて、あまりいい結果は出ないと思うんです。

堤：確かに。

定延：それにふさわしい文型・語彙・発音が備わっていて、そのうえで「ねぇえー」とか言うと、「日本語がうまい」「自然な日本語だ」と評価されるでしょう。時には、評価されることもなく、相手が引きこまれていっ

たりもするのかもしれません。

堤：既存の市販教材でも、「映画に行きませんか」という誘いを断るときに、「土曜日はちょっと……。」のように応答するいう会話文を見たことがあります。かなり初級の最初のほうなので、やっぱりおかしいんです。このレベルではふさわしいものが備わっていないということなのかもしれません。

定延：初級でやると、朗らかに堂々と、アクセントも語の発音もよくない言い方で、「ドヨービワチョットー」って言うことが多いと思います。その場合は不自然な言い方になることが多いでしょうね。レベルを無視して、その言い方だけ覚えてもうまくはいかないと思います。

鎌田：かつて、E.ジョーダン（Eleanor H. Jorden）っていう構造言語学の専門家が作った『Beginning Japanese』という、初級日本語テキストの名作があったんです。もう60年前くらいになるでしょうか。このテキストは最初から自然な日本語を取り入れています。その第1課に、

　　　　日本人：日本語お上手ですね。
　　　　外国人：いえ、とんでもないです。

というような会話文が出てくるんです。もちろんこれを覚えて、発話するのは簡単です。でもこれは1課なので、他に話せることが少なくてあとが続きません。

堤：そこだけが、妙に自然な日本語になってしまうんですね。

鎌田：これは皆さんから反論を受けるかもしれませんが、私はこういう、形から入るやり方でもいいと思っています。しかし、一方で、このやり方だと、日本語の習得が効率よく進むかというと、そうはいかないような気がしています。

定延：理念としては「韻律やフィラーや終助詞だけでなく、文型・語彙・発音も大事」なんだけれども、現実には、指導の内容や方法が確立されている「文型・語彙・発音ばっかり」になってしまいがちで、多くの学習者は韻律やフィラーや終助詞がいつまでたっても身につかないと

すれば、その現状を変えるには韻律やフィラーや終助詞の「形から入る」のもアリかもしれない。しかし「形」が先行すると「漏らし」ているように聞こえないので、早く「漏らし」に聞こえるよう、文型・語彙・発音も学んでもらう必要がある、ということでしょうか。そう考えると、「形から入る」のも仕方ないかもしれません。言っていることがフラフラして、節操がないかな。

全員：(笑い)

定延：節操がないついでに、「形から入る」学習の話をしますと、心理学では「非言語行動は行動者自身の内面の認識に影響する」という仮説（表情フィードバック仮説）があるんです[7]。例えば、ボスらしいしぐさをまねていると、男性ホルモンの分泌が促進されてストレスホルモンが減少し、「強くなった」という自覚が生まれてくるそうで[8]、これはこの仮説のとおり、非言語行動が行動者に心理的・神経学的・内分泌的変化をもたらして、よりその行動にふさわしい者への変化を促進させたのかもしれません。この仮説が特定の言語文化的な振る舞いにも妥当するなら、まさに「形から入る学習」が有効ということになるでしょう。例えば、フランス語を習得したい場合に、赤塚不二夫のマンガ『おそ松君』に登場するイヤミというキャラクターがやっていたように、形から入って、自分が思うフランス人になりきって振る舞うことは、有効かもしれないということです。

どこまで母語話者に同化するかは学習者の自由ですが、日本語を学習するときに日本人をまねるというのは有効かもしれません。仮に、遊びという形で、「今から1分間、動作や立ち居振る舞いのすべてを、完全に日本人みたいにやってみましょう」っていうのはどうでしょうか？　ビデオを見せて「この人たちのうち、あなたは誰をやる？」という感じで、演じる人物を決めて、1分間完全にまねしてみるという

---

7) Strack, F., Martin. L. L., & Stepper, Sabine. (1988). Inhibiting and facilitating conditions of the human smile: A nonobtrusive test of the facial feedback hypothesis. *Journal of Personality and Social Psychology, 54*(5), pp. 768-777.

8) Carney, D. R., Cuddy, A. J., & Yap, A. J. (2010). Power posing: brief nonverbal displays affect neuroendocrine levels and risk tolerance. *Psychological Science, 21*(10), pp. 1363-1368.

のはかなり難しいんじゃないですかね。

堤：難しいでしょうね。

定延：しゃべり方だけでなく、腕の曲げ方とか、背のかがめ方とか、いろんなところに、日本語らしさ、日本語母語話者らしさが出てきて、今まで気づかなかったものも多く見つかるように思います。例えば、こういうしぐさ（図2）をするのは大人ですよね。このしぐさ自体が難しいわけではありませんが、3歳の子どもは、このしぐさで人を待ったりはしないと思います。

「ふーん」とは言うけど「ほー」とは言わないというのもそうですね。人物のキャラによって、自然なしぐさや表現というのがあると思うんです。

先日も日本語学習者から「モデルがほしい」と言われることがありました。「こういうふうになればいい」とか「こういうふうにしゃべればいい」という具体的なモデルがあると、すごく楽になるそうです。

図2　『大人』の手のしぐさ

鎌田：私はモデル志向になってほしくないと思っています。モデルはあってもいいんだけど、それぞれが自分で見つけるべきものだと思うんです。モデルになり得る、もっとも身近な人の一人が教師だとは思いますが、必ずしも教師でなくてもよいと思っています。もちろん教師はいいモデルであるように努力しなくてはならないと思います。また、先輩にあたる学生も同様にモデルになる可能性の高い人たちなので、彼らにもいいモデルになるよう努力してほしいと思います。だけど、モデルを設定して、そのままになろうとするのではなく、一定の方向性を見定めるための目安程度に考えるべきだと思います。

定延：モデルといえば、私は、社会人どうしの生きたコミュニケーションデータを収集するという研究目的で、というか、最近はなかば趣味になっ

ていますが、阿波踊りをやっているんです。阿波踊りを踊るには規則は2つしかありません。右手と右足は同時に出す。左手と左足は同時に出す。これだけです。あとはご随意にというものなんです。いろいろな阿波踊りの型というのが団体ごとにあるんですが、それは昔、どこかの誰かが編み出した粋な踊りというのがモデルとして定着しているだけで、いつなんどき、よりかっこいい、よりおもしろい、よりセクシーな踊りができて、世の中を席巻するかわからないという戦いの状況にあるんです。そういう理由で、私が所属している団体は型というのを決めていないんです。自分で好きなように踊って、例えば、ゴーゴーみたいな感じで踊っている人もいますし、いろいろな踊りがあります。それはコミュニケーション行動と似ているなと感じています。どんな正解があるかわからない。もっとおもしろい、もっとかっこいい踊り方があるかもしれません。根本的にはモデルが無数にあって、1つに決まらず、自分で編み出してもよいということになるかもしれません。

鎌田：もしかしたら囲碁に似ているかもしれませんね。碁盤があって、そこに石を置いて、攻めたり引いたりしながら勝ちをめざす。勝ったほうも負けたほうも、石の並び方はいつも違うわけです。その並び方に正解があるわけではないんです。つまり、コミュニケーションや談話の型に正解はない。

繰り返しになりますが、談話の教育を考えるときに、言語だけじゃない、包括的な視点で見たコミュニケーション、コミュニケーション行動を成り立たせるものを明らかにしなくてはいけないですね。

談話、コミュニケーション、プロフィシェンシー

鎌田：ところで、談話分析の流れから考えると、文があり、文の上に段落があり、段落の上に文章があるという、とても積み上げ的な発想のもとに成り立つことになっていると思います。これに少し不満を持っているんです。定延さんはどう思いますか。

定延：談話はあくまで言語的な側面で、それ以外のパラ言語や非言語的な側面を含めて、コミュニケーション全体を考えたほうがよいのではないかと思っています。一時期、土曜日は音声言語の研究会、日曜日は文法の研究会、月曜日はコミュニケーションの研究会に出ていたことがあります。私はこれらの研究会のどれをとっても、その中心を占めていたというわけでは決してなく、辛うじてそれぞれの研究会の末席にしがみついていた、という感じでしたが、これらの研究がつながるのがいかに難しいかということと、それでも本来つながるべきだということは、ひしひしと感じていました。そうでないと、結局、音声研究も言語研究もコミュニケーション研究も、他から成果が取り出せないような閉鎖的な学問になってしまうでしょう。多くの言語研究者は談話というものを視界の果てに位置づけているようですが、実は、非言語の要素も入れて、コミュニケーション行動として考えてみると、それは案外近いところにあるんじゃないかと思っています。

ネイティブ性と評価

堤：そういう非言語の要素を取り入れた教材というのは、現在そして将来的に存在し得るものでしょうか。

鎌田：どちらかというと、教材よりも教えるべきかどうかの問題かもしれません。先日、テレビ局の人が街頭インタビューをやっているのを見かけたんですが、そのインタビュアーが通行人に「すみません」って話しかけるとき、すごくねじれた姿勢で話しかけるんです。単純なお辞儀なんかじゃなくて、体を右側にひねって、下からマイクを突き上げ

るというような感じでした。あの姿勢で来られると、私もインタビューに答えなくてはならないような気持ちになってしまいました。こういうのって誰が教えたものでもないよね。

堤：確かに。肌で感じて習得するというのはあるのかもしれませんね。実際、フィラーなどもそういう面があるように感じています。ノンネイティブについて調べると、特に教えていなくても、レベルが上がるにつれて、日本語ネイティブと使用状況が似てくる傾向にあるんじゃないかと思います。もしそうだとすると、「ここで『あの』と言いましょう」「ここで『その』と言いましょう」とか教えるのは意味のあることではないのかもしれません。

鎌田：何秒あけて言うとかの指導はもちろん無駄ですよね。

堤：タイミングのようなものは、肌で感じて習得するほうがいいような気がしますね。一方で、学習者にどこまで求めるかも考えなくてはなりませんね。

鎌田：ネイティブ、ノンネイティブの差について、6歳くらいを過ぎて習得した発音は不自然なアクセントが残ると言われます。一方、文法や表現は、もっと遅くても大丈夫と言われています。ところで、しぐさはというと、そもそも母語話者と非母語話者の境界線があるのかどうかすらはっきりしないように思います。もしかしたら、ネイティブかどうかっていうのは自己申告でよいのかもしれません。私の娘は、3歳のときからずっとアメリカで育ち、そこで成人し、今に至っています。そして、彼女の日本語は、誰が聞いても日本語母語話者っぽく聞こえるのですが、自分は日本語ネイティブだとは思ってません。こういう点について、牧野成一先生の「文化能力論」では、しぐさなどもコード化でき、レベルがあって、日本語文化能力の高い人は違和感なく、日本語母語話者としての文化行動ができるし、そうじゃない人はできないと言っています。私は、こういった非言語的なものも、言語的なものもグレーゾーンが非常に広くて、その境界をはっきりとプラス／マイナスで見ることはできないように考えています。流動的というか浸透性（permeable）があるのではないかと考えています。

堤：先ほどの囲碁の話のように、正解はないものであるということですね。しかし、一方で、プロフィシェンシーの評価って考えると、どこかで線を引かなきゃいけないという側面もありますよね。

鎌田：プロフィシェンシーを評価するという点で共通点のあるOPIでは、「伝えたいことは十分に伝えられているんだけれども、どうも発音がよくない」という場合、テスターがどう評価するのかという問題があります。文法的にもいいし、語の選択も適切、ただ、肝心なときに発音がよくないという人っていますよね。また、他に言語的に違和感を持つような部分がないのに、ある数ヵ所だけ苦手とするところがあった場合も、評価がしにくいケースです。例えば、ある人と東日本大震災のときに何をしていたかということを話したことがあります。そのとき、その人は熱いお湯を「さらけ出して」しまったと言うんです。「こぼして」と間違って「さらけ出して」を使ったようです。他の部分では、言語的に違和感を持つような部分がないのですが、その「こぼす／さらけ出す」という語ともう１つの語の２ヵ所だけ間違えて使ってしまったために、状況が伝わりにくくなってしまいました。このケースでは、その他の能力が十分に上級レベルと言えたとしても、上級レベルの記述力がないと評価されることになってしまいます。そういう場合の評価はこれでよいのだろうかと迷うことがあります。

定延：OPIで受験者がそういう発言をしたら、テスターは黙って聞いているものなんですか。

鎌田：はい。テスターが「こぼして」という語を提示して言い直しを促すことはありません。その人の能力をはかる妨げになってしまう可能性があるからです。

定延：例えば、「お湯をさらけ出しちゃって」という発話に対して、

　　　テスター：そりゃ、「こぼす」でしょ。
　　　受験者：ああ、すみません。どうかお目こぼしください。

というようなやりとりがあったら、「よーし、お前は超級だ」と判断

するようなことはあるものでしょうか。そういうインタラクションの中で、相手の受けも含めて自分の間違いをやりくりしていくというのは、かなりの高等技術だと思うんですが……。

全員：(笑い)

鎌田：そこまでできるようになったらいいけど、それは難しいでしょうね。

定延：例が極端だったかもしれませんが、よくないところを「おかしいでしょ」と指摘して、相手の反応を見るようなやり方は反則ですか。

鎌田：いいポイント！　これから考えます。本来はそういう能力まで見るべきだろうと思います。インタラクティブであるべきなのに、OPIはインタラクティブではないと批判されることがあります。定延さんの言うようなことをOPIで実現できるか今はわかりませんが、本当の意味でプロフィシェンシーが測定できる方法を、OPIに限らず、考えていかなくてはなりません。

まとめ

堤：この本と今日の鼎談をとおして、自然な談話というのがどうなっているのかということを考えることが大切だと思っています。
　それを考えていくと、プロフィシェンシーとはこうであるべきだという評価基準となっているもの、つまり、我々が想定している談話の理想のようなものと実際がたぶん違っているんだろうなと強く感じています。そうであるならば、プロフィシェンシーが想定する談話というもののイメージもまた変わっていくのだろうなと思っています。

定延：言語を教育するということは、実質的にはコミュニケーションを教育することですから、言語教育に役立つのは言語研究というよりコミュニケーション研究だと思っています。言語研究者が自分の研究を言語教育に役立てたいと思うなら、言語だけでなく非言語にも踏み込んで、コミュニケーション行動や状況を含めたコミュニケーション全体を捉える必要があります。
　先ほど言ったように、私のコミュニケーション観は、一部の文化人類

学者や非言語研究者の考えと近いところがありますが、コミュニケーションとコミュニケーション行動を区別して、状況の重要さを強調するところなど、もちろん違いもいろいろとあります。こういうことは、今までほとんど述べてこなかったのですが、近いうちに自分のコミュニケーション観を広く世に問いたいと思っています。今回の鼎談では、そのためのいい刺激をいただきました。ありがとうございました。

鎌田：プロフィシェンシーにとって談話ほど大切なものはないと言えると思います。そのときにことばや核になる文法だけを扱うというのではプロフィシェンシーの涵養にはつながらないと思います。意図性があるかないかにかかわらず、コミュニケーション、文脈、談話を総合的に考える必要があると思います。最後に、この本をたくさんの人に読んで、使ってもらえたらいいなあと思います。この内容を携えて船出をして、次につながるといいなと思っています。

定延：船出を岸壁から見送るよりも、同船させていただくほうが楽しそうですね。

第1部　新たな談話観

第2部　新たな談話観に基づく研究

第3部　新たな談話観と教育現場

鼎談　「談話とコミュニケーション」

新たな船出

新たな船出

堤 良一

　「談話とプロフィシェンシー」という海へ舟を出す。私たちの試みはいかがでしたか？

　本書は、日本語の生の談話を、これまでとは異なる観点で観察し、その談話の姿を詳（つまび）らかにしようと試みたものです。そして、その試みを通じて明らかになったことで、日本語教育におけるプロフィシェンシーとは何かを問い直すというプロジェクトでもあります。我々は、これからの日本語教育には、プロフィシェンシーという観点が欠かせないと考えています。そして、プロフィシェンシーとは何か？　という問いに答えるために、談話の姿を考えることは、避けては通れないと考えています。談話の研究は海のように広く、まだまだわかっていないことが多いです。そこにプロフィシェンシーという舟でこぎ出し、談話の一端を明らかにしたのが本書であるということができるでしょう。我々の舟は、「談プロの海」へとこぎ出しました。この冒険はまだまだ続きます。ここでは、本書の内容を簡単にまとめ、プロフィシェンシー研究を志す方々や、現場でプロフィシェンシー教育を実践する方々の「船出」の一助としたいと思います。

　本書は、談話を大きく捉えた定延論文と鎌田論文から始まります。定延論文では、「よいコミュニケーション」「好かれる人、よい人のコミュニケーション」と聞いて私たちがイメージする言動パターンと、実際のそれとの間には乖離（かい　り）があるということを言っています。そして、実際の「好かれる人、よい人」の言動パターンが、我々のイメージでは「タブー」だと思われているということを指摘しています。例えば、第2.1節ではキャンベル（2010）を紹介し、「頻出する上位100フレーズ」の3分の1が、あいづち、応答詞、感動詞のような言いよどみのことばであるとしています。我々は、流暢（りゅうちょう）だとか、ペラペラと話せることをよいことだと考え、その逆、つまり言いよどむような話し方をタブー視するきらいがありますが、定延論文によれば、そのような話し方は「偽のタブー」で、むしろ好印象にとられることもあり、流暢すぎるしゃべり方のほうが、鼻につくことがあると言っています。これは、「ほら、

私はすごくペラペラ話せる人なんですよ」と、能力を見せびらかすような目的をもって話すことが露呈するからです。ある人物評を狙って、つまりそのような意図をもって話すと、その意図は必ず失敗に終わる。定延論文は、意図と、人物評とはそぐわないと指摘しています。
　鎌田論文では、「文脈の活性化」という概念のもとに、談話の展開のしかたを工夫することで、談話はより生き生きとしたものになるということが論じられています。そして、教室内では「文脈の活性化」を用いてタスクを与えていくことにより、プロフィシェンシーの向上につながるということが示唆されています。
　この2つの論文によって私たちは、これまで「談話」に対して抱いていたイメージの改変を迫られます。具体的には、実際の談話は思っているほどに「完璧な」ものではなく、もっと「ぐちゃぐちゃ」したものであり、そしてそのような姿を通してプロフィシェンシーを考えることが必要なのだということです。
　このように考えると、従来の「談話」のイメージをもとに作られたOPIのマニュアルにも、考えるべき点があるということが自然に理解されるでしょう。このことを指摘したのが清水論文です。この論文では、語用論研究の立場から談話を捉え直し、そこから浮かび上がるOPIのマニュアルの記述の問題点を指摘しています。このようなスタンスは、本書が提示している談話に対する考え方でOPIを捉える取り組みとして重要なものと言えるでしょう。
　以上の3本の論文が談話を全体的に捉えて論じているのに対し、堤論文と西郷論文は、これらの考え方を個別の言語現象に応用して実証的に捉えた研究として位置づけることができます。堤論文では「そんな感じ」という形式が受ける前文脈のタイプを見ています。日本語母語話者でも非母語話者でも、その形式はさまざまですが、発話内容がまとめきれないという、いわゆるブレイクダウンが起こったときに「そんな感じです」などと言ってごまかすことがあることが指摘されています。そこからOPIのブレイクダウンの定義について、批判的な検討をしています。西郷論文では終助詞「ね」「よ」について扱います。「ね」「よ」がない発話は、自然な談話という観点からは不自然ですが、「ね」「よ」の習得は必ずしも一筋縄ではいかないものです。西郷

堤良一　●新たな船出

225

論文は、日本語教育や文法の世界における現状を詳しく検討したうえで、発話連鎖性という観点から新たな教授法に対する提案を行っています。この2つの論文では、本書の談話に対する考え方を具体的な方法で研究や教育に応用する1つの方法を提示したと言えるでしょう。

　ここまでの論文は、口頭能力　―話し言葉―　を中心に論じていました。しかし、我々が考えるプロフィシェンシーは口頭能力に特化したものではありません。話す、書く、聞く、読むという4技能すべてにプロフィシェンシーは考えられ、それぞれどのような教育や研究が可能かを追究することができます。由井論文はそのうちの書く能力について考えた1本です。由井氏は、『みんなの日本語　中級I』第1課で、会話文として扱われているタスクを、中級学習者、上級学習者、日本語母語話者にEメールで書かせる調査を行っています。その結果、文章がどのように構成されるかという点にプロフィシェンシーを測る要素が見られるということを明らかにしています。さらに注目するべきは、「実は」や「今度」などの、言いにくいことを切り出す表現が、「文章産出時現在や『あなた』の存在を際立たせる方策でなされて」いて、このことを指導することの重要性を説いています。これは、「いま、ここ、わたし」という直示性を重視するプロフィシェンシー研究の流れを取り込んだものと言えるでしょう。今後、このような立場から、さまざまなライティングの研究（例えば、新しいライティングツールであるLINEやtwitterなど）がなされることが望まれます。

　最後の嶋田論文は、教育現場で談話教育がまだまだ疎（おろそ）かであること、特にプロフィシェンシーと関連づけた談話教育が必要であることを前半で論じ、そのような談話教育に力を入れた教育の実践について後半で紹介しています。

　嶋田論文が本書の最後におかれていることには意味があります。本書では、談話の新しい捉え方、そしてそれをプロフィシェンシーの観点から考察し、どのように教育していくべきかを考えました。この次の展開の1つとして、現場教育への応用が考えられます。具体的にはプロフィシェンシーを重視した談話教育の教授法の具体化、あるいは教材開発などです。嶋田論文は、そのような展開を見据えて書かれています。

私たちの願いは、本書を読んだ多くの方々に、私たちの仲間になってプロフィシェンシー研究や教育の実践などを行っていただくことです。皆さんの研究テーマとして、そして明日からの教育の改善に向けて、本書が少しでも役に立てたのであれば、著者すべての喜びです。

　プロフィシェンシーの海へ、一緒に舟をこぎ出しましょう！

第1部 新たな談話観

第2部 新たな談話観に基づく研究

第3部 新たな談話観と教育現場

鼎談 「談話とコミュニケーション」

キーワード索引

1, 2, 3...
5W1H 7

A
accuracy → 正確さ
acquisition → 習得
ACTFL → 米国外国語教育協会
ACTFL-OPI 27, 41, 47, 56, 59, 60, 62-64, 69, 70, 74-79, 84-86, 90, 96, 105-107, 109, 117, 178, 179, 186, 187, 219, 220, 225
ACTFL-OPI Manual 78, 105
ACTFL-OPI 試験官養成マニュアル 62-64, 74-76, 78, 178, 179, 186, 225
adjacent pair → 隣接ペア

B
Baka Pygmies → バカ・ピグミー

C
code model → コードモデル
code-switching → コードスイッチング
coherence → (首尾) 一貫性
cohesion → 結束性
communication strategies → コミュニケーション・ストラテジー
communicative competence → コミュニケーション能力
conceptual meaning → 概念的な意味
conduit metaphor → 導管メタファー
context → コンテクスト
cooperative principle → 協調の原則

D
deixis → 直示／直示要素
discernment → わきまえ
discourse analysis → 談話分析
discourse intuition → 談話的直観
discourse marker → 談話標識
dispreferred response → 非優先的応答

E
echo-question → エコー疑問

F
figure → 前景
filler → フィラー
frame → フレーム

G
grammatical competence → 文法能力

I
"i+1" comprehensible input 40
illocutionary competence → 発語内能力
illocutionary force → 発語内効力
inference model → 推論モデル
interactional function → 相互行為的機能
intercultural communication → 異文化間コミュニケーション
IRE 119
IRF 119

K
Karl Buhlers → カール・ビューラー
KOBE Crest FLASH 14, 15

229

L
L2 user 2
learning → 学習
linguistic intuition → 言語的直観

M
marked → 有標

O
OPI → ACTFL-OPI
OPIのレイティング 106
Oral Proflciency Interview → ACTFL-OPI
organizational competence → 構成能力

P
paralinguistic signals → パラ言語的記号
phatic communion → ファティック・コミュニオン
pragmatic competence → 語用論的能力
pragmatics → 語用論
preferred response → 優先的応答
procedural → 手続き的
procedural meanig → 手続き的(な)意味
proflciency → プロフィシェンシー

S
sociolinguistic competence → 社会言語学的能力
speech exchange → 発話交換
Stephen Krashen → スティーブン・クラッシェン

T
taboo → タブー
textual competence → テキスト能力
transactional function → 取引的機能

U
unmarked → 無標

V
volition → 意志による働きかけ

あ
挨拶 16, 17, 22, 26, 27, 134, 152-154, 156
あいづち／相づち 9, 11-14, 16, 33, 37-39, 47, 49, 53, 64, 121, 203, 224

い
言い切り 161, 165
言いさし 14, 23, 24, 27, 93, 121, 181, 211
言いよどみ／言い淀み 9, 27, 70-73, 77, 224
意識のし合い 206, 208, 209
意志による働きかけ 65
(首尾)一貫性 60, 61, 63, 69, 179
意図 9, 14, 23-28, 35, 38-40, 47, 50, 51, 58, 59, 61-64, 68, 88, 103, 120, 131-133, 135-138, 140, 141, 166, 167, 188, 204-206, 209, 221, 225
異文化間コミュニケーション 59
意味機能 88, 119, 122, 124, 126, 132, 136, 138-141
意味交渉 41, 148, 149
意味論的属性 122
印象 8-11, 112, 114, 115, 118, 125, 127, 132, 138, 141, 152, 154, 157, 159, 169, 177, 191
イントネーション・ユニット 9
インプット 40, 118, 119

う
埋め草 → フィラー
運用力 121

え
エコー疑問 32, 42, 44, 50

お
応答詞 9, 16, 224
音韻変化 121

か
カール・ビューラー 40
概念的な意味 135
会話教育 122, 185
会話特有の現象 121
会話の主導権 120
会話分析 58, 73
書き出し部分 152-154, 156
学習 40
固まり 178-180, 185-187, 190-193, 195
活性化 32, 33, 35-37, 39, 40-47, 49-53, 186, 225
環境とのインタラクション 208
感謝 15, 152
間接話法 41-46
感動詞 9, 224

き
聞き手目当て性 135, 138, 142
機能主義 57
技能評 24, 25
基本的スピーチレベル 65-68
キャラ 16, 23-25, 215
教育現場 52, 120, 136, 137, 176, 180, 185, 187, 188, 198, 226

共在 20-22, 205
教室習得環境 118, 119
教室談話 120
教師の発話 119
共存 20
強調 123, 127
協調の原則 58
強調・やわらげ依存過多症 127
共通基盤 130, 131

け
敬語 23, 64, 65
形式主義 57
結束性 39, 61, 116, 136, 179
結束装置 86, 87
言語的直観 50

こ
行為要求 146
構成能力 61
構成要素 61-63, 69, 76, 147, 149, 150, 152, 153, 157, 169, 170
構造主義 57
コードスイッチング 59
コードモデル 22
コミュニケーション 2, 6-9, 11, 12, 14, 15, 17-24, 26-28, 37, 38, 41, 49, 50, 56, 58, 59, 64, 65, 68-70, 74, 75, 78, 96, 146-149, 158, 159, 161-163, 170, 174, 175, 177, 184, 185, 188, 198, 202-210, 215-217, 220, 221, 224
コミュニケーション行動 20, 36, 37, 206, 208-210, 216, 217, 220, 221
コミュニケーション・ストラテジー 63, 74
コミュニケーション能力 6, 32, 35, 36,

37, 41, 56, 60-63, 69, 75-79, 146, 175
コミュニケーションの民族誌 58
語用論 35, 56, 58, 59, 63, 64, 68, 77, 78, 225
語用論的効果 121
語用論的属性 129
語用論的能力 24, 61-64, 69, 74-78
コンテクスト 2, 32, 33, 57-59, 61, 62, 176
コンテクスト化の手がかり 58, 59, 69, 74, 77

さ

作品評 25
産出 57, 60, 62, 69, 74, 121, 137, 146, 151, 152, 154, 157-159, 161-164, 169, 187, 190, 226

し

刺激反応的活性化 53
自然習得環境 117-119
自然な日本語 35, 39, 119, 123, 212, 213
自然発話データ 113, 122, 132, 133, 137, 139
自発的活性化 53
社会言語学的能力 61-65, 69, 74-77
謝罪 15, 58, 67, 164
終助詞 38, 113, 114, 120, 121, 123, 161, 175, 177, 178, 181-183, 187-190, 212-214, 225
自由直接話法 44
習得 40
主要レベル 105
準段落 179, 186, 193
情意的な共通基盤 131
賞賛 15

常体／敬体 64, 65
情報(の)伝達 21, 26, 28, 75, 78, 113, 146, 204, 205
情報・認識の一致・不一致 124, 128
助詞の省略 121
人物評 24-27, 225

す

推論モデル 22
スキーマ 167, 168
スキーマ構築 169, 170
スティーブン・クラッシェン 40
スパイラル 192, 193
スパイラル展開 193
スピーチレベル 65-68
スピーチレベル・シフト 65, 67-69, 77

せ

正確さ 62, 69, 74-78, 107, 109, 110, 121, 153, 154, 178
セールストーク 14, 23
節 9, 179
前景 129
選択権 148, 152-154, 157
前提 130

そ

総合的タスク／機能 62, 75, 76, 178
相互行為的機能 73, 75, 77, 78
相互行為の社会言語学 58, 59, 68, 77
相互作用 57, 112
相互作用性 112, 113, 120, 126, 138
そんな感じ 84-104, 108-110, 225

た

ターンテイキング 64
待遇表現 64, 65
ダイクシス → 直示／直示要素
体系主義 120
体験者 19
対人関係 78, 147, 152, 163, 167
対人関係（への）配慮 72-75, 78
対話 11, 17, 35, 36, 41, 42, 44-46, 158, 185, 190, 195, 196, 198
タテ軸 186, 192, 193, 195
タブー 3, 8-11, 14, 17, 19, 22-24, 210, 224
段落 33, 62, 105-109, 179, 180, 186-187, 193, 217
段落構成能力 185, 192
段落構成力 175, 179
談話完成タスク 129, 130, 132, 141
談話現象 40, 122
談話構成 148-152, 157, 168-170
談話的直観 50
談話標識 49, 113, 114, 118-122, 128, 135, 138, 141, 142
談話分析 32, 33, 35, 57, 58, 217
談話文法 57, 58, 62, 63, 69, 140
談話を閉じる 89

ち

チェックリスト 169
知識化 169
直示 158, 163, 170, 226
直示的表現 158-161
直示要素 2, 3, 34
直接話法 41, 42, 44

つ

つっかえ 9, 10

て

ティーチャー・トーク 119
ディスコース・アナリシス → 談話分析
テキスト能力 61, 63, 69
テキストの型 62, 178, 181, 186
手続き的 135
手続き的（な）意味 135
天井 105, 106
伝達 20-22, 27, 28, 35, 37-44, 46, 50, 57-59, 62-64, 69, 72, 73, 78, 148, 166, 167, 188, 204

と

導管メタファー 22
倒置 45, 121
同調 12-14, 23, 205
独白調の発話 142
訥弁 9
取引的機能 73, 75, 77, 78

な

内省による作例 121

に

仁田義雄 40
日本語学習者会話データベース 85, 89, 95, 97, 98, 103
日本語習得環境 117
日本語プロフィシェンシー 146, 154, 158
認知言語学 129

の

ノダ文 139

は

背景 129, 162
バカ・ピグミー 14
橋本進吉 9
裸文末 121, 127, 134, 135, 138, 139
発話交換 36
発語内効力 58
発語内能力 61, 63, 75, 76
発話末表現 138
発話命題 119, 129, 130, 134, 135, 138
発話連鎖 112, 119, 128-130, 132, 135, 137, 138, 140, 141, 226
発話連鎖効力 129, 133
場面と話題 62, 75, 76
パラ言語情報 148
パラ言語的記号 59

ひ

卑下 15, 16
非言語情報 148
批判的談話分析 58
非優先的応答 73, 74

ふ

ファティック・コミュニオン 22
フィラー 33, 37-39, 47, 49, 50, 53, 70-72, 77, 109, 121, 166, 167, 175, 177, 178, 181-183, 187, 188, 202-204, 211-214, 218
フェイス 73
フェイス（の）侵害 58, 74
ブレイクダウン 84-86, 89, 90, 93, 95, 104-107, 109, 110, 225
ブレイクダウンのシグナル 86, 89, 93, 95, 110
フレーム 59
フロア 105, 106
プロフィシェンシー 2, 3, 9, 32, 39, 40, 41, 46, 49, 51, 56, 57, 59, 60, 62, 68-71, 74, 77, 79, 107, 110, 115, 122, 135, 142, 146, 149, 151, 154, 157, 158, 163, 167-170, 175, 178, 181, 186, 190, 195, 202, 209, 210, 217, 219-221, 224-227
文化的禁忌 → タブー
文節 9, 146
文法的な正しさ 121
文法的な間違い 115
文法能力 61, 69
文法の正確さ 121
文脈 2, 3, 32-37, 39-47, 49-53, 61, 76, 78, 88, 92, 93, 95, 98, 100, 103, 104, 121, 129, 132, 134, 135, 137, 138, 168, 177, 181, 183, 189, 211, 221, 225
文脈（の）活性化 32, 35, 36, 37, 39-42, 44-47, 50-52, 225

へ

米国外国語教育協会 41
ヘッジ 73, 74
変異分析 58

ほ

方略的能力 63
ポライトネス 58, 64, 65, 73, 75
本体部分 152, 154

ま

まとめあげ 88, 95, 100, 103, 104

む

結び部分 152, 154, 155
無標 44, 138

も

目的達成 26, 73, 77, 130, 131, 188
目的論 22-24, 26-28, 38, 188
目標志向性 114
モニターモデル 40

や

役割 42, 50, 84, 113, 139, 140, 158, 163-165, 168, 170, 175, 185, 203

ゆ

優先的応答 73, 74
有標 44
ユニゾン 21

ら

羅列文 179, 186, 193

り

理解可能な"i+1"レベルのインプット
　　→ "i+1"comprehensible input
理解レベル 121
流暢 8, 9, 19, 21, 23, 70-72, 224
流暢さ 9, 62, 63, 69-74, 77, 78
理由の説明 150, 151, 153, 157, 162
隣接ペア 36

わ

わきまえ 65, 68
話者交替 71

【執筆者一覧】

【編著者】

鎌田　修 (かまだ　おさむ)

南山大学人文学部日本文化学科、大学院人間文化研究科言語科学専攻　教授

職歴：1970年代後半より米国、ピッツバーグ大学、アムハースト・カレッジ、アイオワ大学等にて日本語教育に従事。1992年帰国後、京都外国語大学日本語学科教授、2003年より現職。1991年よりACTFL-OPIトレーナー。

主な著書：『日本語教授法ワークショップ』(共編著) 1996/2000年、凡人社。『生きた素材で学ぶ、中級から上級への日本語』(共著) 1998年 (改訂版『新・生きた素材で学ぶ中級から上級への日本語』2012年)、ジャパンタイムズ。『日本語の引用』(単著) 2000年、ひつじ書房。『ACTFL-OPI入門』(共著) 2001年、アルク。『プロフィシェンシーを育てる―真の日本語能力をめざして―』(共編著) 2008年、凡人社。『プロフィシェンシーと日本語教育』(共編著) 2009年、ひつじ書房。『対話とプロフィシェンシー―コミュニケーション能力の広がりと高まりをめざして―』(共編著) 2012年、凡人社。

嶋田　和子 (しまだ　かずこ)

一般社団法人アクラス日本語教育研究所　代表理事

職歴：いくつかの日本語学校の非常勤講師を経て、学校法人国際青年交流学園イーストウエスト日本語学校にて教務主任、副校長を務める。2012年より一般社団法人アクラス日本語教育研究所代表理事。現在、早稲田大学、清泉女子大学等で非常勤講師。2005年よりACTFL-OPIトレーナー。

主な著書：『アカデミック・ジャパニーズの挑戦』(共著) 2006年、ひつじ書房。『目指せ、日本語教師力アップ！―OPIでいきいき授業―』(単著) 2008年、ひつじ書房。『プロフィシェンシーを育てる―真の日本語能力をめざして―』(共編著) 2008年、凡人社。『プロフィシェンシーと日本語教育』(共著) 2009年、ひつじ書房。『対話とプロフィシェンシー―コミュニケーション能力の広がりと高まりをめざして―』(共編著) 2012年、凡人社。『日本語教育のためのコミュニケーション研究』(共著) 2012年、くろしお出版。『できる日本語』シリーズ (監修) 2011～2014年、アルク・凡人社。

堤　良一（つつみ　りょういち）
岡山大学大学院社会文化科学研究科（文学系）　准教授
職歴：岡山大学文学部講師助教授を経て現職。
主な著書：『やわらかアカデミズム・〈わかる〉シリーズ　よくわかる学びの技法』（共著）2003年、ミネルヴァ書房。『「大学生」になるための日本語1』（共著）2009年、ひつじ書房。『プロフィシェンシーと日本語教育』（共編著）2009年、ひつじ書房。『「大学生」になるための日本語2』（共著）2010年、ひつじ書房。『現代日本語指示詞の総合的研究』（単著）2012年、ココ出版。

【著者】
定延　利之（さだのぶ　としゆき）
神戸大学大学院国際文化学研究科グローバル文化専攻　教授
職歴：1991年神戸大学教養部講師、1992年同大学国際文化学部講師、1995年同助教授、2004年同教授、2007年同大学大学院国際文化学研究科教授（現在に至る）。
主な著書：『日本語社会　のぞきキャラくり―顔つき・カラダつき・ことばつき―』（単著）2011年、三省堂。『煩悩の文法―体験を語りたがる人びとの欲望が日本語の文法システムをゆさぶる話―』（単著）2008年、筑摩書房。『ささやく恋人、りきむレポーター―口の中の文化―』（単著）2005年、岩波書店。『認知言語論』（単著）2000年、大修館書店。

清水　崇文（しみず　たかふみ）
上智大学言語教育研究センター、大学院外国語学研究科言語学専攻　教授
職歴：1994年より米国、ノースカロライナ州立大学、イリノイ大学、スタンフォード大学等にて日本語教育に従事。2002年に帰国後、上智大学国際教養学部准教授等を経て、2012年より現職。
主な著書：『多様化する言語習得環境とこれからの日本語教育』（共著）2008年、スリーエーネットワーク。『中間言語語用論概論―第二言語学習者の語用論的能力の使用・習得・教育―』（単著）2009年、スリーエーネットワーク。『ライトハウス英和辞典　第6版』（共著）2012年、研究社。『第二言語習得研究と言語教育』（共編著）2012年、くろしお出版。『みがけ！コミュニケーションスキル―中上級学習者のためのブラッシュアップ日本語会話―』（編著）2013年、スリーエーネットワーク。

西郷　英樹（さいごう　ひでき）

関西外国語大学外国語学部、留学生別科　准教授

職歴：南山大学非常勤講師、ダラム大学（英国）専任講師を経て、2004年より現職。

主な著書等：*The Japanese Sentence-Final Particles in Talk-in-Interaction* [Pragmatics & Beyond New Series, 205]（単著）2011年、John Benjamins Publishing Company.「終助詞『ね』『よ』『よね』の発話連鎖効力に関する一考察―談話完成タスク結果を基に―」(単著)『関西外国語大学留学生別科日本語教育論集22号』2012年。「日本語教科書での終助詞『よね』の扱いに関する一考察」(単著)『関西外国語大学留学生別科日本語教育論集21号』2011年。

由井　紀久子（ゆい　きくこ）

京都外国語大学外国語学部日本語学科　教授・学科長

職歴：大阪大学文学部助手・講師を経て、京都外国語大学講師、助教授、教授。技術研修生、短期留学プログラム留学生、大学院留学生、学部留学生、留学生別科留学生などに対する日本語教育に従事。

主な著書等：「書くための日本語教育文法」野田尚史（編）『コミュニケーションのための日本語教育文法』2005年、くろしお出版。「日本語教育における『場面』の多義性」（単著）『無差』12号、2005年。「接触場面の教材化と学習者の場面認識―言語知識のボトムアップ的構築―」（単著）『無差』16号、2009年。「ライティングのプロフィシェンシー向上を目指した日本語教育教材」（単著）『日本語プロフィシェンシー研究』創刊号、2013年。『中級からの日本語プロフィシェンシーライティング』（共著）2012年、凡人社。

プロフィシェンシーを育てる3
談話とプロフィシェンシー
―その真の姿の探究と教育実践をめざして―

2015年5月20日　初版第1刷発行

編著者	鎌田修・嶋田和子・堤良一
著　者	定延利之・清水崇文・西郷英樹・由井紀久子
発　行	株式会社凡人社
	〒102-0093　東京都千代田区平河町1-3-13
	TEL：03-3263-3959
装丁デザイン	株式会社ストーンラブクリエイト

ISBN 978-4-89358-892-0　©Osamu Kamada, Kazuko Shimada, Ryoichi Tsutsumi, Toshiyuki Sadanobu, Takafumi Shimizu, Hideki Saigo, Kikuko Yui 2015 Printed in Japan

定価はカバーに表示してあります。乱丁本・落丁本はお取り換えいたします。
＊本書の一部あるいは全部について、著作者から文書による承諾を得ずに、いかなる方法においても無断で転載・複写・複製することは法律で固く禁じられています。